QUÉBEC

À ma famille.

QUÉBEC

Textes et photographies de

LAURENT COCHEREL

GUIDE NATURE ROMAIN PAGES ÉDITIONS

Castor du Canada

SOMMAIRE

Carte **6**

Introduction **8**

L'intérieur des terres **12**

Montagnes et forêts **16**
- La forêt québécoise 20
- L'ours noir 26

Lacs et rivières **30**
- Le castor du Canada 34
- L'orignal 38

Îlots du Grand Nord : taïga et toundra **42**
- Le caribou des bois 47

Le Littoral **52**

L'estuaire du Saint-Laurent et le fjord du Saguenay **54**
- Les baleines 59
- Comment identifier une espèce de baleine ? 68
- Le béluga 72

Le rivage et ses zones humides **76**
- Les phoques 80

La côte rocheuse, îles et îlots **84**
- Le fou de Bassan 88

Guide pratique **92**

Organiser son voyage au Québec **96**

Comment découvrir la nature au Québec ? **99**

Où observer la faune et la flore ? **111**

Lexique naturel **132**

Bibliographie **136**

CARTES

1. Parc national de la Mauricie → Orignaux, ours
2. Réserve nationale de faune du Cap Tourmente → Oiseaux d'eau, ours
3. Parc de la Jacques-Cartier → Loups, orignaux, ours
4. Réserve faunique des Laurentides → Loups, orignaux, ours
5. Parc des Grands-Jardins → Caribous, orignaux, loups, castors
6. Centre d'observation de Pointe-Noire → Baleines
7. Parc marin du Saguenay-Saint-Laurent → Baleines
8. Parc du Saguenay → Oiseaux d'eau
9. Parc de la Pointe-Taillon → Orignaux, castors, oiseaux d'eau
10. Baie Sainte-Marguerite → Oiseaux d'eau, bélugas
11. Cap de Bon Désir → baleines
12. Marais de Gros-Cacouna → Oiseaux d'eau
13. Parc du Bic → Phoques, porcs-épics, oiseaux d'eau
14. Refuge faunique du barachois de Carleton → Oiseaux d'eau
15. Réserve faunique de Matane → Orignaux, ours
16. Parc de la Gaspésie → Caribous, orignaux, ours
17. Parc national Forillon → Ours, porcs-épics, castors, phoques, oiseaux de mer, oiseaux d'eau, baleines
18. Parc de l'île Bonaventureet du rocher-Percé → Oiseaux de mer
19. Réserve de parc national de l'archipel de Mingan → Oiseaux de mer, phoques, baleines
20. Île d'Anticosti → Oiseaux de mer, ours
21. Îles de la Madeleine → Oiseaux de mer, phoques

Baleines
Caribous
Oiseaux de mer
orignaux
Castors
Ours bruns
Phoques
Loups gris
Oiseaux d'eau
Porc-épics

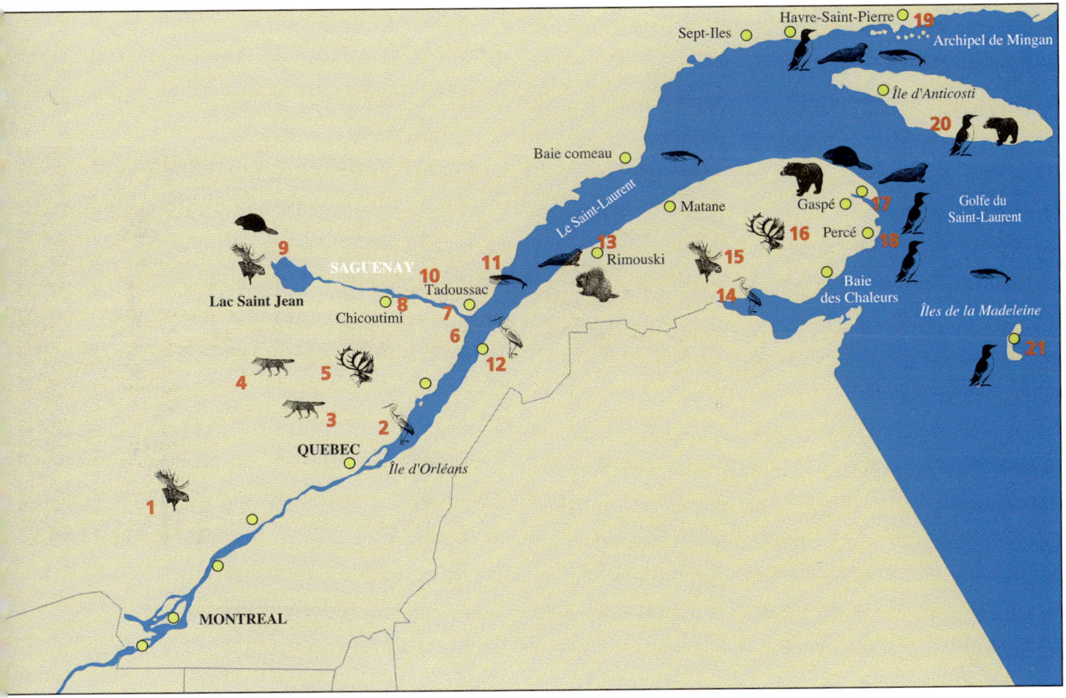
Havre-Saint-Pierre
19
Sept-Iles
Archipel de Mingan
Île d'Anticosti
20
Baie comeau
Le Saint-Laurent
Matane
Gaspé
17
Golfe du
Saint-Laurent
16
Percé
18
9
13
Rimouski
15
SAGUENAY
10
11
Tadoussac
Lac Saint Jean
8
Chicoutimi
7
14
Baie
des Chaleurs
Îles de la Madeleine
6
12
21
5
4
3
2
QUEBEC
Île d'Orléans
1
MONTREAL

INTRODUCTION

Orignal

Vaste province canadienne tournée vers l'Atlantique, le Québec est à l'image de sa nature : une sensationnelle terre d'accueil où les mélanges culturels et naturels font la force et le charme de son accent.

Dans une société cosmopolite empreinte de la culture amérindienne, la vie semble retrouver un équilibre entre la civilisation moderne et l'environnement naturel. On pourrait penser qu'au Québec, la nature de l'homme est d'être un homme de la nature, tant cette dernière occupe l'espace et l'économie du pays, ainsi que l'esprit et le cœur de chacun de ses habitants. Les ressources naturelles (énergie hydroélectrique, exploitations minières et forestières...) sont d'ailleurs à la base de son économie qui porte haut la couleur du lys québécois.

Parc de la Jacques-Cartier

UNE TERRE INFINIE

De part son immensité, le Québec laisse imaginer des terres vierges où la vie animale et végétale peut suivre son cours en toute sérénité… Cette réalité n'est rendue possible que par une faible occupation humaine sur un territoire trois fois plus grand que celui de la France ! D'une superficie de 1,7 million de km², le Québec compte 7,4 millions d'habitants dont près de la moitié dans la seule ville de Montréal. Autant dire que les villes paraissent être le refuge de l'homme : les deux principales sont Montréal, centre névralgique de l'économie québécoise, et Québec, la capitale (700 000 habitants), respectivement appelées Hochelaga et Stadaconé par les Amérindiens avant l'arrivée des premiers explorateurs européens.

La province du Québec s'étend sur 1 900 km du nord au sud et 1 500 km d'ouest en est ; de plus, 6 000 km de côtes dessinent son contour en longeant des eaux

aux noms légendaires : baie James, baie d'Hudson, baie d'Ungava, mer du Labrador, golfe et fleuve Saint-Laurent. La différence de latitudes forme le berceau d'une faune et d'une flore extrêmement diversifiées : l'ours polaire évoluant sur la banquise se substitue à l'ours noir vivant dans la forêt boréale !

Le Québec méridional

Une grande partie du territoire est rendue inaccessible en l'absence de réseau routier : le climat sévère et la nature du sol interdisent quasiment toute installation de l'homme dans ces régions hostiles. Seuls les Amérindiens occupent depuis 12 000 ans ces terres inconnues ; les différentes communautés sont d'ailleurs essentiellement réparties le long du littoral, à l'instar du peuple inuit. L'hydravion, la motoneige et le traîneau à chiens sont les seuls moyens de transports capables de mener à bien une exploration au cœur de ces zones sauvages... La population et l'activité humaine se concentrent dans le sud de la province, le long des rives du Saint-Laurent. Là, les axes routiers y sont développés et permettent une découverte beaucoup moins périlleuse du pays ! Au Québec, la nature n'est jamais loin. Dès la sortie des grandes agglomérations, les routes pénètrent dans les vallées boisées et se transforment rapidement, lorsque l'on quitte les routes principales, en pistes forestières. Il est alors possible de s'enfoncer sous le couvert végétal sur plusieurs dizaines de kilomètres pour n'arriver qu'à un grand lac ! Ou alors endosser son sac à dos et traverser pendant plusieurs semaines les contrées boisées et montagneuses où chantent les loups, sans rencontrer âme qui vive...

Le Québec méridional est géographiquement délimité au nord par le 52e parallèle, correspondant à la transition naturelle entre la forêt boréale et la taïga. Le fleuve Saint-Laurent, parmi les plus grandes voies navigables au monde, en constitue la colonne vertébrale. Cet ouvrage appréhende la partie méridionale de la province au travers des milieux naturels qui la composent et des espèces qui lui sont inféodées. Les sites naturels traités dans ce guide sont principalement localisés dans le Québec

CI-DESSUS. Fjord du Saguenay
PAGE 10. Lac du Fulmar

maritime (régions du Bas-Saint-Laurent, de Gaspésie, de la Côte-Nord et des îles du golfe du Saint-Laurent) ainsi que dans les régions de Québec, Charlevoix et Saguenay-Lac-Saint-Jean.

Grâce à sa diversité de paysages et d'espèces, le Québec offre l'opportunité de s'aventurer dans un immense laboratoire naturel où se succèdent et s'entremêlent de riches écosystèmes, portes d'accès à la connaissance et à l'évasion…

L'intérieur des terres

Marmotte commune

Le Québec impose un sentiment d'humilité au voyageur : la nature semble ne jamais s'y arrêter… plus loin et encore plus loin, son envoûtante présence se métamorphose en un irrésistible appel à la découverte. Pénétrer le cœur sauvage de l'intérieur des terres, c'est partager l'intimité du monde du vivant et percer quelques secrets du royaume de la forêt : avec de la patience, les plus beaux représentants du règne animal transforment parfois le rêve en réalité…

En s'immergeant dans la nature québécoise, tout devient donc possible, jusqu'à s'endormir, par une belle nuit étoilée, dans les draps de lumière d'une aurore boréale…

Pays de montagnes

Les rives du Saint-Laurent, qui concentrent 80 % de la population humaine, sont encadrées de deux massifs distincts où alternent vallées, collines et plateaux. Au nord, le Bouclier canadien couvre 92 % du territoire et compte quelques hauts sommets, notamment dans le parc des Grands-Jardins situé dans la région de Charlevoix. Au sud, la chaîne des Appalaches, qui traverse le Québec sur 800 kilomètres, s'étend de l'État d'Alabama, aux États-Unis, jusqu'à Terre-Neuve. Elle parcourt le Bas-Saint-Laurent et la péninsule de Gaspésie sous l'appellation des monts Notre Dame qui se distinguent par le massif des Chics-Chocs et celui des Mc Gerrigle. Ces derniers possèdent les sommets les plus élevés du Québec : le mont Jacques-Cartier (1 268 mètres) et le mont Albert (1 151 mètres) hébergent une végétation arctique typique du Grand Nord.

La sylve enchanteresse

La forêt québécoise est omniprésente. Elle se conjugue au pluriel tant les essences sont variées et nombreuses. Elle arbore ainsi des faciès bien différents et crée des atmosphères inoubliables : au petit matin, les clairières miroitent sous les faisceaux de lumières blanches qui réveillent les vert émeraude des conifères ; en fin de journée, les lumières jaunes prennent le relais pour embraser la palette des couleurs d'automne. Le bruit de l'eau se fait toujours entendre : du clapotis de la petite rivière au tumulte des cascades, il accompagne le randonneur qui a souvent pour objectif d'atteindre les eaux dormantes d'un des innombrables lacs.

Ces territoires immenses, couverts de végétation et peu fréquentés par l'homme, prennent souvent l'aspect de havres de paix pour une flore et une faune abondantes. Les massifs forestiers représentent le royaume des grands mammifères : le cerf de Virginie, l'orignal ou élan d'Amérique, le caribou des bois, l'ours noir, le coyote, le loup gris, le renard roux, le lynx du Canada, le lynx roux, et de manière isolée, le puma (ou couguar) sont les fiers représentants de cette biodiversité, sans compter les espèces moins imposantes telles que le castor du Canada, le grand palotouche, l'écureuil roux, le porc-épic d'Amérique, le raton laveur, la moufette rayée… Les oiseaux sont aussi bien représentés avec 268 espèces nicheuses recensées sur l'ensemble du territoire.

Une nature sous influences

Ces milieux naturels et les espèces qu'ils hébergent ne sont pas à l'abri de toute menace. Depuis l'arrivée des colons au début du XVIe siècle, la nature a connu une succession d'interventions et de perturbations d'origine humaine : chasse accrue, piégeage incessant, défrichement croissant, développement de l'agriculture puis naissance de l'exploitation industrielle des forêts avec ses terribles coupes à blanc, urbanisation…

Durant la deuxième moitié du XIXe siècle, à l'apogée des grandes chasses qui tournaient au carnage, la tourte ou pigeon voyageur, le canard du Labrador et le grand pingouin ont disparu du Québec, puis de la planète. Le wapiti, grand cervidé, sera aussi éliminé du territoire québécois.

À cette époque, les populations animales paraissaient inépuisables et pourtant, même l'orignal fut menacé de disparition. En réponse à cette situation alarmante, les premiers gardes-chasses de la province furent engagés en 1899.

De nos jours, beaucoup d'espèces végétales et animales au Québec connaissent encore des effectifs en fragile équilibre.

À l'inverse, les modifications engendrées par les activités humaines ont favorisé le développement de quelques populations comme celles du goéland à bec cerclé, de la grande oie des neiges et du cerf de Virginie.

Le lynx du Canada ***Lynx canadensis*** et le loup gris ***Canis lupus*** représentent les deux grands prédateurs carnivores du Québec méridional. Exigeant de très larges domaines vitaux, ils trouvent communément refuge dans les massifs forestiers sans occuper la même niche écologique : chasseur solitaire, le lynx du Canada se nourrit essentiellement de lièvres d'Amérique alors que le loup gris, animal sociable, chasse en meute (de 4 à 8 individus) les grands mammifères comme l'orignal ou le caribou. Ponctuellement, le loup figure aussi parmi les prédateurs du lynx.
Les précieuses fourrures de ces deux magnifiques espèces sont toujours très recherchées par les piégeurs. Au Québec, l'activité en déclin du piégeage a regroupé en 1999 quelque 8000 amateurs et professionnels contre 14000 pratiquants en 1989.

ɛ tamia rayé ***Tamias striatus***, ou suisse, est une houette familière au Québec : il traverse souvent en ı éclair les chemins forestiers et plonge en quelques ɔnds dans un talus boisé. Contrairement à son cousin ɛcureuil roux, le tamia rayé hiberne. À l'automne, est courant de l'observer remplir ses abajoues de uilles et de fruits : il entassera précieusement ces ovisions dans son terrier pour les consommer lors de s courtes périodes de réveil.

L'écureuil roux ***Tamiasciurus hudsonicus*** est une figure emblématique de la forêt québécoise. Personne ne peut manquer de l'observer ou tout du moins de l'entendre car il signale systématiquement sa présence d'un cri strident et agressif envers le moindre intrus qui ose pénétrer sur son territoire ! Peu farouche, ce sympathique rongeur ira même jusqu'à renouveler sa menace vocale à quelques mètres seulement du promeneur.

Hiberner ou hiverner ?

Le climat de la forêt boréale est caractérisé par un froid extrême pendant l'hiver. Certains animaux ont pour seul moyen de survie l'hibernation, qui est principalement déclenchée par des facteurs hormonaux. La léthargie hivernale des animaux hibernants se caractérise par un fort ralentissement de toutes les fonctions de l'organisme, permettant ainsi une économie d'énergie. La température interne baisse et les rythmes respiratoires, cardiaques et circulatoires sont très ralentis. Parmi les mammifères du Québec, seuls la marmotte, le tamia rayé et les chauve souris sont de vrais hibernants. Leur température interne peut avoisiner 0 °C et leur rythme cardiaque est diminué de près de 90 %. Cependant, aucun hibernant ne dort tout l'hiver sans interruption : ils se réveillent périodiquement, de quelques heures à une journée, et en profitent pour manger ou déféquer.

Quant à l'ours noir, le raton laveur et la moufette, ce sont de faux hibernants : on parle dans leur cas d'hivernants. Ils effectuent des réserves de graisse en automne, s'installent dans leurs abris et arrêtent de s'alimenter pendant l'hiver. Mais ils entrent seulement dans un état de torpeur : leur sommeil est léger, la température de leur corps et leur rythme cardiaque ne s'abaissent que légèrement. Lors de journées clémentes, ces animaux peuvent même sortir pendant quelques heures hors de leurs gîtes.

Montagnes et forêts

Prendre de l'altitude : au terme de nombreux efforts physiques, cette attraction vers les sommets permet au randonneur de vivre toute l'amplitude du paysage québécois. La forêt épousant à perte de vue les collines nappées des teintes pastel de l'automne, dessinant le contour d'une myriade de lacs aux eaux cristallines, procure la pure sensation d'être le témoin privilégié d'une nature vierge. Dans cet espace de liberté, les grands rapaces évoluent sans complexe et offrent leurs silhouettes d'urubu à tête rouge, d'aigle royal ou de buse à queue rousse à nos yeux illuminés redevenus ceux de notre enfance.

CI-DESSUS. Cerf de Virginie mâle ***Odocoileus virginianus***, en situation d'alerte (queue dressée).
Surnommé « chevreuil », le cerf de Virginie est un grand cervidé (avec un poids moyen de 125 kg pour le mâle) qui affectionne les clairières et les lisières de forêt. Les coupes forestières sont un des principaux facteurs de l'expansion de son aire de distribution. Sur l'île d'Anticosti, après y avoir été introduit et en l'absence de prédateurs, ce ruminant compte une population d'au moins 150 000 individus !

CI-CONTRE. Toundra alpine – mont du Lac-des-Cygnes, parc des Grands-Jardins.

Traverser le Québec à pied en quelques heures !

Au Québec, entreprendre l'ascension d'une montagne équivaut à traverser l'ensemble des milieux naturels de la province, des plus méridionaux au plus septentrionaux. En effet, la variation d'altitude et la nature du sol engendrent une succession de formations végétales semblables à celles réparties selon les latitudes du pays.

Ainsi, au pied de la montagne, l'étage collinéen héberge la forêt mixte ; à 750 mètres d'altitude, l'étage montagnard abrite la forêt boréale ; l'étage subalpin, autour des 1000 mètres, présente une taïga qui se transforme en toundra forestière à l'étage alpin inférieur et finit enfin en véritable toundra, autour des 1250 mètres, à l'étage alpin supérieur.

Cette répartition altitudinale de la végétation permet une grande diversité d'espèces dans un espace restreint. Dans le parc de la Gaspésie par exemple, trois herbivores coexistent dans le même secteur : le cerf de Virginie occupe les vallées car il se plaît dans les zones de régénération, l'orignal règne dans la forêt boréale et le caribou arpente les sommets et les crêtes où il trouve les lichens constituant une grande partie de son régime alimentaire.

Tétras du Canada ***Dendragapus canadensis*** mâle. Cet oiseau, de la famille des perdrix, se rencontre fréquemment sur le bord des chemins, au cœur de la forêt de conifères. Très peu farouche, il continue parfois à se gaver de baies, en frôlant de quelques centimètres seulement l'observateur pacifique !

La présence simultanée de ces trois cervidés est rare en Amérique du Nord. En effet, le cerf de Virginie est porteur sain d'un parasite transmissible aux autres ongulés : le ver des méninges (*Parelaphodtrongylus tenuis)* affecte le système nerveux et aboutit rapidement à la mort de son hôte. L'étagement des habitats permet de créer des frontières distinctes qui limitent les interactions entre ces animaux.

UNE FORÊT AUX MILLE VISAGES

La forêt québécoise paraît infinie. Avec une superficie de 770 000 km², elle couvre près de la moitié du territoire. La prédominance de résineux à feuilles sempervirentes (du latin *semper* « toujours » et *virens* « vert ») rend le paysage quelque peu monochrome : cette apparente monotonie masque toutefois une formidable diversité d'essences...

La grande forêt boréale est principalement composée d'épicéas comme l'épinette noire (*Picea mariana*), de pins comme le pin gris (*Pinus banksiana*), de sapins comme le sapin baumier (*Abies balsamea*) et de mélèzes laricins (*Larix laricina*).

La forêt à feuilles caduques n'est pas en reste dans le sud du pays et s'illustre parmi les plus belles forêts au monde lorsque les érablières se parent de leurs couleurs flamboyantes à l'entrée de l'automne.

Les deux forêts se marient dans une zone de transition appelée forêt mixte où tous les mélanges entre conifères et feuillus sont rendus possibles.

Plus près du sol, dans les clairières des forêts, le sous-bois est recouvert de plantes aux fruits attrayants : framboisiers, mûriers, fraisiers... mais aussi de vastes tapis de bleuets, dont les fruits à l'automne font le bonheur des animaux et des cueilleurs. Le bleuet, apparenté à l'airelle myrtille (*Vaccinium myrtillus*) qui vit en Europe, est représenté par deux espèces comestibles : l'airelle fausse-myrtille (*Vaccinium myrtilloides*) et l'airelle à feuilles étroites (*Vaccinium angustifolium*).

Dans les dépressions humides, les belles impatientes du Cap forment parfois de larges parterres sauvages ; leurs remarquables fleurs orangées et tachetées attirent le véloce colibri à gorge rubis, à la recherche du précieux nectar dont il se nourrit.

La forêt québécoise

Le Québec méridional est composé de trois grandes formations forestières : la forêt décidue, à feuilles caduques, principalement localisée à l'extrême sud-ouest de la province ; la forêt boréale, à feuilles persistantes, qui domine les trois quarts de la forêt québécoise (soit une superficie de 575 000 km^2) et, entre les deux, la complexe forêt mixte qui présente des affinités boréales dans sa partie nord et des affinités tempérées au sud. Ces trois catégories de massifs forestiers se répartissent respectivement du sud vers le nord de la province. En Europe, la forêt boréale désigne uniquement le milieu de la taïga alors qu'en Amérique du Nord, elle concerne deux formations végétales : la forêt coniférienne (immense forêt dense de résineux à vocation commerciale) et seulement dans sa partie nordique, entre le 52e et 55e parallèle, la taïga. Au-delà, les arbres deviennent rares et le milieu ouvert fait place à la toundra.

La forêt mixte, qui se localise entre le 47e et le 48e parallèle, forme un paysage peu commun qui abrite une grande diversité d'espèces tant au niveau de la faune que de la flore. Elle occupe une place importante dans le sud du Québec méridional.

Des communautés forestières diversifiées

Au sein de chaque grande formation végétale, les scientifiques distinguent de nombreuses communautés selon des facteurs écologiques tels que la nature du sol, les précipitations, la température…

Ainsi, la forêt décidue, dominée par les érables, est notamment constituée de l'érablière à caryer cordiforme ou encore de l'érablière à tilleul. Ce sont les zones les plus vivement colorées pendant l'automne. On y trouve d'autres feuillus comme le frêne d'Amérique (*Fraxinus americana*), l'orme d'Amérique (*Ulmus americana*), le chêne rouge (*Quercus rubra*) La forêt mixte est, quant à elle, principalement peuplée de sapins baumiers, de bouleaux jaunes (*Betula alleghaniensis*), de peupliers faux-trembles (*Populus tremuloides*) et d'érables rouges (*Acer rubrum*) : la sapinière à bouleau jaune est la communauté dominante.

Cette forêt occupe le tour de la Gaspésie, le contrefort des Laurentides ainsi que les bords du fjord du Saguenay.

Enfin, la forêt boréale ne contient pas uniquement des résineux (sapins baumiers, épinettes noires) ; les bouleaux blancs (*Betula papyrifera*) y sont aussi présents en nombre.

Les exceptions à ces grandes formations végétales sont nombreuses. La forêt boréale par exemple ne se situe pas seulement au nord du Saint-Laurent et de la province : elle existe aussi dans le centre de la Gaspésie qui abrite des forêts matures[1] d'épinettes.

Ainsi, la sapinière à bouleaux jaunes, communauté de forêt mixte, ceinture la péninsule gaspésienne alors que les sapinières à bouleaux blancs et à épinettes noires, communautés de forêt boréale, occupent son centre.

[1] Se dit d'une forêt dont les arbres, âgés d'au moins 60 ans, ont atteint une taille d'exploitation commerciale. Une forêt de résineux est considérée mature à l'âge de 120 ans ; près du tiers des forêts conifériennes québécoises serait mature.

CI-DESSUS. La martre d'Amérique ***Martes americana*** vit essentiellement dans les forêts de conifères où elle occupe les arbres creux pour y élever sa progéniture. C'est un redoutable prédateur de l'écureuil roux.

PAGE 20. Feuille d'érable à sucre ***Acer saccharum***. Parmi les six espèces d'érables présentes au Québec, l'érable à sucre possède la sève la plus sucrée. Il est donc largement exploité par l'industrie sucrière mais son bois est aussi très apprécié en ébénisterie. Le Canada a choisi la feuille de l'érable argenté ***Acer saccharinum*** comme emblème national.

CI-DESSOUS. Le parc du Bic, dans la région du Bas-Saint-Laurent, connaît grâce à l'absence de prédateurs la plus forte densité de porcs-épics en Amérique du Nord : 40 à 50 individus au kilomètre carré !

Une forêt en perpétuelle transformation

Les caractéristiques abiotiques[1] d'un écosystème ne sont pas les seules causes de structuration des communautés végétales. Les épidémies d'insectes, les feux de forêts, les inondations, les chablis[2] et les activités humaines sont des facteurs secondaires qui peuvent complètement modifier le milieu.

Les feux de forêts déclenchés par la foudre et la chenille d'un petit papillon diurne, appelé la tordeuse des bourgeons d'épinettes (*Choristoneura fumiferana*), sont deux phénomènes dévastateurs qui contribuent au cycle naturel et au rajeunissement des forêts. Le feu balaye les forêts denses de conifères et ouvre ainsi le paysage, laissant place aux essences pionnières avides de soleil, telles que le peuplier faux-tremble et le bouleau blanc. Grâce à ses nombreuses fleurs colorées, la grande épilobe à feuilles étroites redonne rapidement des couleurs aux secteurs brûlés. La tordeuse des bourgeons d'épinettes, quant à elle, s'attaque tous les trente ans environ aux forêts matures de sapins baumiers et d'épinettes noires.

Une industrie vitale...

L'exploitation forestière et ses dérivés représentent une ressource économique considérable pour la province : source de 80 000 emplois, cette industrie atteint le chiffre d'affaires annuel de 15,6 milliards de dollars canadiens. Le Québec est le second fournisseur mondial de pâte à papier pour la fabrication des journaux.

Au début du XXe siècle, l'industrie papetière a connu un essor fulgurant sous la demande croissante des États-Unis pour la fabrication de leurs journaux. Elle a permis de relancer l'exploitation forestière en utilisant les épinettes, les sapins et plus seulement le bois d'œuvre. L'épinette noire assure près de 60 % de la récolte totale de l'activité commerciale.

L'industrie sucrière tient aussi une place importante : le Québec exporte chaque année 25 millions de kilos de sirop d'érable. Onze mille exploitants d'érablières engendrent une activité de près de 150 millions de dollars.

[1] Se dit des paramètres physico-chimiques tels que la température, le taux d'humidité, la teneur en calcaire du sol...

[2] Ce terme désigne les arbres renversés par le vent; lorsque la forêt est dense, les chablis peuvent créer de nouveaux espaces ouverts à la lumière car les arbres se couchent les uns sur les autres.

... MAIS PERTURBATRICE

La coupe à blanc, à perte de vue, a longtemps été une pratique commune dans les méthodes d'exploitation, ne laissant derrière elle qu'un vaste champ de bataille sans aucune trace de vie. Désormais, la réglementation limite à 250 hectares la surface maximale de cette coupe. Malheureusement, cette dernière n'est souvent séparée d'une autre que par une étroite bande de forêt.

À l'opposé, les coupes par bandes ou en damiers présentent un certain intérêt pour la faune : elles permettent de conserver l'habitat original et de créer une hétérogénéité de milieux. Ainsi, certaines espèces animales affectionnant les lisières et les milieux ouverts coloniseront ce nouveau biotope, à l'instar du lièvre d'Amérique ou encore d'oiseaux comme les parulines, passereaux insectivores, et l'épervier brun, habile chasseur de petits oiseaux. Ces modifications peuvent aussi profiter au lynx qui occupe les mêmes habitats que ceux du lièvre d'Amérique, sa principale proie.

La proximité d'arbres continuant à fructifier permet aussi une meilleure régénération de la végétation.

Le porc-épic d'Amérique ***Erethizon dorsatum*** est un animal nocturne qui se perche dans les arbres ou se réfugie entre des rochers durant la journée. Lorsqu'il se sent menacé, ce gros rongeur d'écorces, d'un poids moyen de huit kilos, se tourne et présente à l'intrus quelques milliers de piquants hérissés sur son dos ! Le porc-épic n'est toutefois pas invulnérable : son principal prédateur, le pékan (ou martre de Pennant), réussit à l'attraper par le museau dépourvu de protection.

D'OÙ PROVIENNENT LES COULEURS DE L'AUTOMNE ?

Les cellules des feuilles d'arbres contiennent des chloroplastes, véritables « usines » chimiques où se réalise la photosynthèse. Chaque chloroplaste renferme plusieurs pigments dont les chlorophylles de couleur verte. Il existe aussi d'autres pigments qui absorbent les longueurs d'ondes que les chlorophylles n'absorbent pas : les caroténoïdes (de couleur orange) et les xantophylles (de couleur jaune). Au printemps et en été, le vert des chlorophylles masque les couleurs des autres pigments. Mais à l'automne, lorsque la durée du jour (la photopériode) devient insuffisante, la photosynthèse s'interrompt : les chlorophylles se décomposent et les autres pigments deviennent alors visibles jusqu'à la chute des feuilles. De plus, l'arrêt de la circulation de la sève provoque l'accumulation de sucres à l'origine de la synthèse de nouveaux composés tels que les anthocyanes : de couleur rouge, ces derniers virent au violet sur un sol alcalin.

La forêt mixte, d'une superficie totale de 101 000 km², longe les rives du Saint-Laurent et du Saguenay. Dans ce mélange inhabituel d'essences forestières, les conifères ajoutent de belles touches vertes aux autres couleurs de la forêt de feuillus.

L'ours noir
Ursus americanus

La rencontre inattendue avec un ours accélère toujours de manière très sensible le rythme cardiaque du promeneur ! C'est aussi un moment excitant de pouvoir observer en chair et en os celui qui nous a tous tenu compagnie un jour, sous forme de peluche…

La comparaison s'arrête là car, bien qu'il soit le plus petit des ours d'Amérique du Nord, le mâle peut peser jusqu'à 270 kg contre 140 kg pour la femelle. Le poids varie toutefois avec les saisons ; il atteint son maximum à l'automne, avant l'entrée en sommeil hivernal.

L'ours noir ou baribal est le seul représentant de sa famille, les ursidés, au Québec méridional. Son pelage uniformément noir porte parfois un croissant ou un « V » blanc sur la poitrine. Quelques individus possèdent un pelage de couleur différente, brune ou cannelle.

Un pacifiste

Quand le chemin de l'ours croise par mégarde celui du promeneur, cette masse noire impressionnante passe rapidement son chemin. Il est souvent le premier à être effrayé de la présence du randonneur : le baribal est un animal timide qui craint l'homme. Dans certains lieux fréquentés, l'ours a cependant pris l'habitude de côtoyer l'être humain et ne le fuit pas systématiquement. C'est par exemple le cas dans le parc national Forillon où la densité de ce mammifère est localement élevée (80 ours environ sont présents sur l'ensemble du parc). Les mœurs de cette espèce (régime alimentaire, comportement social…) varient énormément d'une région à l'autre du Québec : bien qu'il puisse être observé durant la journée, l'ours noir reste prudent et s'active plutôt la nuit.

Le baribal est généralement observé seul. En dehors de la période du rut, il vit en solitaire et en nomade sur son domaine vital qui peut atteindre, chez le mâle, une superficie de 180 km^2. Les ours peuvent cependant se côtoyer (surtout les femelles) lorsque la nourriture est abondante dans des zones précises.

Un gourmet opportuniste

Son tempérament pacifique est sans aucun doute lié à sa façon de s'alimenter. En effet, l'ours noir n'est pas un chasseur strict : il déambule sur son territoire et saisit toutes les opportunités en matière culinaire. Son régime alimentaire (omnivore, à dominante herbivore) varie en fonction des saisons. À la sortie de l'hiver, les racines, les bourgeons et les herbacés (graminées, prêles…) constituent l'essentiel de son alimentation. À cette époque, l'ours parvient à remettre en fonction son appareil digestif en se nourrissant de bourgeons d'arbres, en particulier ceux du peuplier, qui ont la propriété d'être laxatifs : il peut ainsi ingérer par la suite de la nourriture carnée. Après sa diète de quatre à six mois, ce mammifère est avide de viande qui

Ci-dessus. Durant l'automne, les fruits vermillonnés du sorbier d'Amérique figurent au menu de l'ours noir qui n'hésite pas à courber l'arbre, voire à y grimper !

Page 26. Ours noir adulte

lui permettra de reprendre rapidement du poids et de l'énergie (il perd environ 20 % de sa masse corporelle pendant son sommeil hivernal). Il s'attaque aux petits mammifères, voire à des faons et se délecte des charognes.

L'été est synonyme de corne d'abondance : les colonies d'insectes (fourmis, abeilles, termites...) figurent souvent au menu, accompagnées de fruits dont il raffole (framboises, fraises, mûres, groseilles, bleuets...). Dans le parc national Forillon, les fruits et les baies sauvages constituent jusqu'à 85 % de son régime alimentaire estival !

Durant le mois de juin, l'ours est facilement observable car il descend quotidiennement dans les vallées où la végétation, mieux exposée au soleil, émerge avant celle des sous-bois. De plus, les arbustes fruitiers

CI-DESSUS, DE HAUT EN BAS.
• Oursons de 8 mois. Les jeunes sont dépendants de leur mère pendant environ 18 mois. Ils acquièrent leur maturité sexuelle vers 3-4 ans. Les principaux prédateurs des oursons sont les adultes mâles : afin d'assurer sa propre descendance, un nouveau mâle dominant tentera de tuer la portée pour rendre à nouveau féconde la femelle. Dans d'autres circonstances, si l'ourson est infirme ou malade ou encore si l'ourse ne peut subvenir aux besoins de toute la famille, le père pourrait accomplir un rôle de régulateur.
• Fin octobre – début novembre, l'ours noir regagne sa tanière d'où il ne sortira définitivement qu'à la fonte des neiges, entre mars et avril. Pendant cette période, il ne se nourrit pas et vit uniquement de ses réserves de graisse. L'ours noir est un faux hibernant : son sommeil est léger, sa température interne et son rythme cardiaque ne diminuent que légèrement.

y foisonnent. Il n'est d'ailleurs pas rare de voir ce plantigrade assis sur ses fesses plonger ses pattes avant, qu'il utilise comme des peignes, dans les fourrés et avaler goulûment le fruit de sa cueillette !

À l'automne, il ajoute à son répertoire alimentaire d'autres fruits comme les glands et les faînes. L'ours mange cependant moins à cette saison car les sources de nourriture diminuent fortement, ce qui permet d'habituer son estomac au jeûne de l'hiver. La date de l'entrée en tanière est très probablement liée au rapport énergétique de son alimentation : elle a lieu lorsque les aliments consommés lui apportent moins de calories que celles dépensées à leur recherche. Ce bilan énergétique négatif serait le facteur principal d'entrée dans sa torpeur hivernale.

Le cycle biologique de l'ours noir

• Période de rut : entre juin et juillet. Le mâle s'accouple avec plusieurs femelles. Les ovules fécondés ne s'implantent dans l'utérus qu'en novembre (phénomène de l'ovo-implantation différée) et uniquement si la femelle a effectué suffisamment de réserves de graisse pour survivre à l'hiver avec ses petits. Dans le cas contraire, les ovules fécondés (les blastocytes) sont éjectés.

• Période de mise bas : janvier à février. La femelle met bas tous les 2 ans.

Lors de sa première année de reproduction, l'ourse ne donne naissance qu'à un seul petit.

L'ourse donne naissance à deux ou trois petits en moyenne. La survie de tous les oursons dans une portée de trois jeunes est rare ; elle devient exceptionnelle pour celle de quatre. Après une gestation de 6 à 8 semaines, la femelle met bas en février au cours de son sommeil hivernal ; les minuscules oursons s'accrochent aux mamelles de leur mère qui retombe aussitôt dans sa léthargie.

Lacs et rivières

L'âme de la nature québécoise tire toute sa force de son million de lacs et de ses 130 000 rivières. Chaque lac et chaque rivière créent une ambiance qui leur est propre et se modifie au fil des heures, à travers le prisme du regard de celui ou celle qui l'admire.

Pour le randonneur, ces sources de vie représentent bien plus qu'un point de repère sur sa carte : elles symbolisent avant tout le mouvement au cœur d'une forêt parfois totalement figée et silencieuse, et l'espoir sans cesse renouvelé d'une rencontre avec un de leurs hôtes naturels comme le castor ou l'orignal.

Le prince des lacs

Les eaux douces occupent 12,3 % du territoire. Il est alors peu étonnant de savoir que près du tiers des oiseaux nicheurs au Québec sont des espèces aquatiques.

Parmi toute cette diversité, un oiseau se distingue de manière originale : le plongeon huard, figure emblématique à travers tout le Canada, pose sur chaque pièce de dollar canadien ! L'Amérique du Nord rassemble presque toute sa population mondiale.

De plus, il faut bien avouer qu'il contribue de manière significative à l'impression mystérieuse des eaux dormantes : ses longues vocalises mélancoliques, parfois mélangées aux brumes matinales, procurent de nombreux frissons ! Bien qu'il bénéficie des nombreux espaces sauvages inoccupés par l'homme, le huard est menacé par les pernicieuses pollutions atmosphériques, issues principalement des industries, qui acidifient la neige et la pluie. En effet, la modification de la chimie de l'eau affecte la survie des poissons, principale source de nourriture de cet oiseau. De plus, les métaux lourds, comme le mercure, se concentrent dans les graisses de ce dernier et provoquent des troubles comportementaux graves qui diminuent le taux de réussite de sa reproduction.

CI-DESSUS.
Bien qu'il soit un nicheur discret, plongeant au moindre dérangement, le plongeon huard ***Gavia immer*** se livre en période de reproduction à de puissantes vocalisations aux sonorités troublantes : parfois semblables à un rire saccadé ou encore aux hurlements d'un loup…

Les autres habitants du fragile milieu aquatique tels que la loutre de rivière ou encore le balbuzard, grand rapace piscivore occupant les abords des lacs, sont aussi affligés des effets de cette pollution.

DES POISSONS SAUTEURS !

Les poissons d'eau douce sont fièrement représentés par la célèbre famille des salmonidés : parmi les treize espèces existantes au Québec, citons l'omble de fontaine (*Salvelinus fontinalis*) ou truite mouchetée qui occupe les cours d'eau et l'omble chevalier (*Salvenilus alpinus*) ou truite rouge qui habite les profondeurs des grands lacs froids. Contrairement aux truites, ses cousines, le saumon Atlantique ne vit en eau douce que les trois premières années de sa vie, sous forme de tacon, et lorsqu'il revient dans sa rivière natale pour frayer. Entre-temps, il passe de un à trois ans au large des côtes du Groenland où il double annuellement son poids.

Durant l'été, le saumon doit franchir tous les obstacles de la rivière pour parvenir à la frayère : il est capable de faire des bonds de 5 mètres de hauteur, ce qui lui a valu son nom latin *Salmo salar,* signifiant « saumon sauteur » ! Dans la région du Saguenay-Lac-Saint-Jean, le saumon Atlantique est aussi connu, en eau douce, sous le nom de ouananiche. Une centaine de rivières à saumon officielles au Québec méridional permettent de développer la pêche sportive : les retombées économiques indirectes de cette activité s'élèvent à plus de 50 millions de dollars par an.

Les arbres à fleurs d'eau

Certains lacs prennent l'aspect d'une véritable « mer intérieure » d'eau douce, à l'instar du lac Saint-Jean avec sa superficie de 1 041 km^2. Au Québec, les arbres ne sont jamais loin et les abords boisés de ces immenses plans d'eau offrent un refuge inestimable à la faune et la flore. Tel est le cas pour la plus grande héronnière connue au monde de grands hérons (*Ardea herodias*) qui rassemble environ 2 000 couples au lac Saint-Pierre.

Depuis 1987, la législation québécoise exige de maintenir, lors de coupes forestières, une lisière boisée large de 20 mètres en bordure des cours d'eau et des lacs, afin de préserver la qualité de l'eau. Cette conservation de bandes forestières riveraines assure en même temps la protection des écosystèmes aquatiques. Elle permet notamment de préserver des arbres dont les cavités naturelles sont utilisées par certains canards cavernicoles comme le canard branchu, le garrot à œil d'or et le harle couronné.

PAGE 33 DE GAUCHE À DROITE.

• Parmi les plus grosses oies au monde, la bernache du Canada ***Branta canadensis*** s'observe sur les lacs et dans les champs aux abords des zones humides. Nicheuse nordique, elle apparaît au Québec méridional, souvent accompagnée de ses jeunes, lors de sa migration automnale vers le nord du Mexique. En Europe, cette espèce se reproduit à l'état sauvage en Grande-Bretagne suite à son introduction à la fin du XVIIe siècle.

• Jaseur des cèdres ***Bombycilla cedrorum*** juvénile. Le jaseur des cèdres doit son nom à un arbuste dont il consomme les fruits : le genévrier rouge, appelé à tort cèdre rouge. Friand de baies sauvages, il ne dédaigne pas non plus les insectes qu'il attrape souvent en vol.

• Geai bleu ***Cyanocitta cristata***.
Les branches mortes servent de reposoirs et de postes d'observation aux oiseaux tels que le geai bleu. Sédentaire, ce magnifique corvidé anime la forêt de son cri rauque tout au long de l'année.

Le raton laveur ***Procyon lotor*** est un animal discret qui ne s'active ordinairement qu'à la tombée de la nuit. Durant la journée, il a pour habitude de dormir dans une cavité naturelle (troncs d'arbres, souches...). Il fréquente très souvent les cours d'eau et les marécages d'où il puise la majorité de sa nourriture : écrevisses, grenouilles, insectes, poissons... Introduit en Europe au début xxe siècle pour l'exploitation de sa fourrure, le raton laveur se reproduit désormais à l'état sauvage en Allemagne, en Autriche, au Benelux et dans les pays Baltes. Depuis les années 70, cet animal est aussi présent en France où sa répartition très diffuse comporte néanmoins deux noyaux : les départements de la Moselle et de l'Aisne.

➲ LE CASTOR DU CANADA
CASTOR CANADENSIS

Je garde un souvenir extraordinaire d'une soirée passée en compagnie d'une famille de castors… À 17 heures, je me poste près d'une hutte construite sur le bord d'un lac ; un amas de branchages frais, à demi submergé, fait face à l'imposante demeure : il s'agit d'une réserve de nourriture qui permettra aux castors d'affronter les rigueurs de l'hiver. Les protagonistes ne se font pas attendre : quelques minutes après mon arrivée, un jeune castor apparaît à la surface de l'eau et se dirige droit vers les branchages. Il passe à quelques mètres seulement de moi et remarque ma présence, ou

DE HAUT EN BAS.
• Pour avertir les membres de sa famille d'un danger, le castor frappe de sa queue la surface de l'eau avant de plonger. Ce gros rongeur peut rester immergé jusqu'à quinze minutes !
• La hutte est un amas conique de troncs, de branches et de boue. Les castors y pénètrent sous l'eau ; il y a en général deux ou trois accès possibles. Une colonie de castors peut posséder plusieurs huttes dans son territoire mais une seule est utilisée à la fois.
Un terrier, construit dans la rive d'un cours d'eau, sert de refuge en cas d'inondation ou d'attaque de la hutte par un prédateur comme la loutre de rivière.
La famille, qui forme une mini société matriarcale, est composée du couple uni pour la vie, des jeunes âgés d'un an et de ceux de l'année.
• Le castor se nourrit uniquement d'écorces, de feuilles, de tiges et de racines de plantes aquatiques. Ses essences préférées sont le peuplier faux-tremble, le bouleau blanc et les aulnes. En hiver, il se contente des écorces des arbres et arbustes. Au Québec, c'est un animal nocturne qui s'active dès la fin de journée.

tout du moins mon odeur. Un deuxième jeune vient de sortir et les deux compagnons s'interrogent sur l'identité de l'étranger que je suis. Certainement peu habitués à la présence de l'homme, ils manifestent plus un comportement de curiosité que de crainte… ils viennent me voir à tour de rôle, en frôlant la berge, et hument l'air, la tête dressée dans ma direction. Un des jeunes préfère donner l'alerte et frappe violemment l'eau de sa queue en plongeant : il ne disparaît pas pour autant et continue de m'observer. Attirés par ce remue-ménage, les adultes sortent à leur tour… Difficile de distinguer le mâle de la femelle car ils possèdent à peu près la même taille et le même poids (jusqu'à 35 kg, avec un poids moyen de 25 kg). Hormis la différence de taille, les jeunes se distinguent facilement des adultes dans l'eau car ils laissent remonter à la surface le haut du dos et parfois leur queue plate contre seulement la tête pour les parents.

Intrigués tout autant par l'intrus, ces derniers s'approchent de la rive et décrivent quelques arcs de cercles… Ma présence les laisse visiblement indifférents et ils se dirigent finalement vers une autre rive où se situe une deuxième hutte. En les observant à la jumelle, je m'aperçois qu'ils s'arrêtent sur le bord du lac et commencent à s'alimenter de plantes aquatiques. Les jeunes, quant à eux, décident de poursuivre normalement leurs activités, sans doute rassurés par le comportement des adultes, et viennent piocher dans leur réserve de nourriture. Après avoir sectionné une petite branche bien garnie de feuilles tendres, ils plongent pour aller les consommer dans leur hutte. Situé à quelques dizaines de centimètres de leur zone de passage, j'ai le plaisir de voir par transparence leurs déplacements sous l'eau et les reflets argentés des feuilles de peuplier traînées en arrière.

À chaque retour dans la hutte, des geignements s'élèvent à l'intérieur de la chambre, laissant supposer que les jeunes castors de l'année restent à l'abri et attendent la nourriture apportée par leurs aînés… J'observe plusieurs de leurs va-et-vient puis profite d'une de leurs immersions pour me rapprocher des adultes restés sur l'autre berge.

Appuyé sur sa queue, l'un d'eux s'est assis sur la terre ferme et entreprend une méticuleuse toilette de son pelage. Le castor possède deux paires de glandes sébacées situées près de l'anus : l'une émet une substance huileuse qui permet d'imperméabiliser le pelage ; l'autre produit le castoréum, une sécrétion odorante servant à imprégner les monticules de boue et de végétaux qui

La queue du castor remplit plusieurs fonctions : elle sert de gouvernail et de propulseur sous l'eau ; elle sert aussi à provoquer un signal d'alarme dans l'élément liquide et d'appui lorsque l'animal est au sol. Pour finir, elle représente un précieux outil de contrôle de facteurs extérieurs : trempée en permanence dans l'eau, ses récepteurs tactiles permettent d'indiquer au castor les variations du niveau d'eau. Celui-ci peut ainsi intervenir aussitôt pour colmater, par exemple, les brèches d'un barrage (qui atteint jusqu'à 5,5 mètres de hauteur !).

délimitent le territoire familial. À l'aide d'un doigt qui termine chaque patte postérieure palmée, et dont l'ongle agit comme un peigne, il enduit et brosse les moindres recoins de sa soyeuse fourrure. Toujours dans l'eau, l'autre castor tient fermement entre ses petites pattes antérieures des rameaux qu'il écorce avec une étonnante rapidité. Entre deux branchages, j'entends distinctement le bruit émis par ses incisives frottées les unes contre les autres : afin d'aiguiser ses dents qui poussent tout au long de sa vie, le castor s'adonne à cette activité permettant par la même occasion de les user et de les raccourcir.

Lors d'observations naturalistes aussi magnifiques, la nuit tombe toujours trop vite. Je dois me faire à l'idée de quitter ce site et toute la famille de castors. Pour eux, la soirée ne fait que commencer : au cours de la nuit, ils s'attaqueront aux travaux de réfection des barrages, de la hutte et continueront à couper des arbres pour compléter leur réserve alimentaire hivernale.

Le cycle biologique du castor

- Période de rut : entre janvier et février.
- Période de mise bas : entre mai et juin.

La femelle donne annuellement naissance à trois ou quatre petits en moyenne.

Les jeunes atteignent la maturité sexuelle à 15 mois mais ne s'accouplent généralement pas avant l'âge de 2 ans et demi. Ils deviennent indépendants de la cellule familiale à 2 ans.

Le castor est un mammifère herbivore semi-aquatique. Sans arme efficace sur le plan morphologique contre ses prédateurs, il utilise l'élément liquide comme protection naturelle. Ses barrages permettent de créer des plans d'eau qui facilitent l'accès aux sites d'abattage ainsi qu'aux sources de nourriture et limitent ainsi ses sorties sur la terre ferme.

L'étang, créé par ses soins, doit être suffisamment profond (2-3 mètres de fond minimum) pour que l'entrée de la hutte ne soit pas prise par les glaces en hiver.

Le castor, très attentif au bruit de l'eau, vérifie régulièrement ses barrages et entretient de nombreux canaux qui aident au transport des branches.

L'ORIGNAL
ALCES ALCES

L'observation de l'orignal est souvent associée aux ambiances des affûts matinaux ou crépusculaires autour d'un lac. La rencontre avec le plus gros cervidé du monde provoque toujours une vive émotion, surtout lorsque l'on se trouve face à lui ! On prend alors véritablement conscience de la traduction de son nom grec *alces* : « force » !

LE ROI DE LA FORÊT

L'élan d'Amérique, surnommé plus couramment orignal, se distingue aisément des autres espèces de cervidés : sa tête évoquant celle d'un cheval s'accompagne d'une barbiche appelée fanon ou cloche. Mais c'est avant tout sa taille imposante qui marque dans un premier temps l'observateur ; le poids maximum chez le mâle atteint 650 kg (le poids moyen est de 500 kg) contre 400 kg pour la femelle !

Face à une masse aussi impressionnante, seul le loup gris, grâce à sa chasse en meute, fait figure de prédateur naturel de l'orignal. À l'occasion, l'ours noir peut aussi représenter une menace pour le veau.

Cet extraordinaire ruminant habite de préférence les secteurs de forêts perturbés : les coupes forestières de petite superficie ou les zones brûlées fournissent en effet de nombreuses pousses jeunes et tendres. L'orignal ne se tient cependant jamais loin de la forêt mixte où il trouve refuge. En dehors de la période de rut, c'est un animal solitaire qui règne sur un territoire de 5 à 10 km^2 de superficie.

UN PLONGEUR NÉ !

L'orignal possède une morphologie étonnante mais tout à fait adaptée à son environnement. Associées à de larges sabots, ses longues pattes (d'une longueur de deux mètres au garrot) lui permettent de se déplacer aisément dans la neige et de brouter les végétaux dont il raffole : les plantes aquatiques, dont les racines et les feuilles de nénuphars.

C'est d'ailleurs autour des plans d'eau (lacs, marécages et barrages de castors) que l'amateur de nature aura le plus de chance d'observer ce grand herbivore. Durant l'été,

CI-DESSUS. Mâle adulte perdant ses velours.
L'orignal perd annuellement ses bois entre les mois de décembre et de février ; leur repousse suit presque immédiatement, d'avril à fin août. Courant septembre, les velours sont source de démangeaisons : l'animal s'en sépare en les frottant contre les écorces d'arbres. Ils se disloquent alors sous forme de lambeaux et laissent apparaître l'aspect définitif et ossifié des bois.
Chez l'élan d'Amérique, les bois, ou panaches, arborent la forme caractéristique de palettes et atteignent parfois 1,8 mètre d'envergure !

PAGE 38. Habile nageur, l'orignal peut plonger pour aller chercher des plantes au fond de l'eau. Il est ainsi capable de s'immerger jusqu'à cinq mètres de fond et ce, pendant une minute.

l'orignal fréquente presque quotidiennement les zones humides où la végétation aquatique est dense. Ce mammifère consacre beaucoup de temps à son alimentation ; il mange l'équivalent de 5 % de son poids, soit environ 25 kg de végétaux par jour !

Lors de journées très chaudes, il est possible de voir plusieurs individus qui profitent du même lac pour échapper à l'assaut permanent des moustiques et des mouches noires. L'orignal se plaît dans le milieu aquatique : très souvent, seuls la tête et le haut du dos dépassent de la surface de l'eau. Il plonge alors régulièrement la tête sous l'eau pour arracher les plantes. Riches en minéraux, ces dernières contribuent pendant l'été à l'ossification de ses bois, formés à cette époque de cartilages souples recouverts de velours[1].

Son menu estival s'accompagne aussi de feuilles et de plantes herbacées. En hiver, l'orignal se contente de branches, de ramilles et d'écorces d'une grande variété d'arbres.

Ci-dessus.
L'orignal est surtout actif à l'aube et au crépuscule. Attiré par les phares de voiture, il peut occasionner des accidents mortels. Prudence et vigilance sont indispensables lors de traversées des massifs forestiers. Ce majestueux cervidé est aussi présent en Europe sous le nom d'élan : il habite les étendues sauvages du Nord-Est européen (Scandinavie, Russie, Pologne...).

Page 41. L'orignal (sur la photo, une femelle) est doté d'une ouïe très développée grâce à ses larges oreilles mobiles. Rabattues vers l'arrière, ces dernières deviennent le signe visuel d'une menace d'attaque !

[1] Les velours désignent la fine peau velue richement vascularisée qui apporte les éléments minéraux nécessaires à la croissance et à l'ossification des bois.

Le cycle biologique de l'orignal

• Période de rut : entre mi-septembre et mi-octobre.

La femelle avertit les mâles reproducteurs de sa présence en poussant des cris très sonores : ils peuvent s'entendre jusqu'à trois kilomètres de distance !

• Période de mise bas : de mai à juin.

La femelle donne annuellement naissance à un ou deux petits en moyenne. Celui de un an est repoussé par sa mère quelques semaines avant la mise bas.

Le jeune atteint sa maturité sexuelle à 18 mois mais il ne s'accouple généralement pas avant l'âge de 2 ans et demi pour la femelle et de 5-6 ans pour le mâle.

Îlots du Grand Nord : Taïga et toundra

Situés entre le 52e et le 62e parallèle, les milieux naturels de la taïga et de la toundra occupent plus de la moitié du territoire québécois. Le climat, la nature du sol et un été très court caractérisent ces vastes écosystèmes. Au Québec méridional, il existe quelques secteurs isolés où les conditions biogéographiques sont similaires à celles du Grand Nord : très localement, il est possible de découvrir le biotope de la taïga, dans le parc des Grands-Jardins (région de Charlevoix), et celui de la toundra, principalement dans le parc de la Gaspésie. Ces îlots exceptionnels hébergent une végétation présente normalement à plus de cinq cents kilomètres au nord ! Ces deux zones protégées ont un trait commun, qui a d'ailleurs été à la base de leur création : la protection d'un habitat où subsiste un magnifique cervidé, le caribou des bois.

La taïga

Le parc de conservation des Grands-Jardins offre un décor et une atmosphère uniques : la forêt de conifères apparaît très clairsemée et recouverte au sol d'un épais tapis de lichens buissonnants. Ces spécificités naturelles lui valent la dénomination de pessière[1] à lichens ou taïga. Contrairement à la forêt boréale qui forme une forêt fermée, la taïga est un milieu ouvert qui constitue une transition entre cette dernière et la toundra forestière.

Paradis des lichens

Le sol de cette région est composé de sable et de graviers ; le substrat sablonneux empêche les racines des arbres de pousser en profondeur : elles s'étendent alors en surface, en étoile, pour trouver les éléments nécessaires à la croissance de l'arbre. Une telle conquête de l'espace entraîne une

[1] Ce terme désigne un peuplement coniférien dominé par l'épinette noire et ponctuellement, lorsque la fréquence des feux est élevée, par le pin gris (ce dernier jouit d'une croissance très rapide).

CI-DESSUS. Paysage typique de taïga – Parc des Grands-Jardins.
Le caractère très éclairci de ce paysage forestier, représentatif de la pessière à lichens, est dû à la succession de deux incendies, l'un au début du siècle, l'autre en 1953.
La taïga s'étend sur 6 000 kilomètres en Eurasie et sur 3 500 kilomètres en Amérique du Nord : en occupant 30 % de la forêt mondiale, elle figure comme la plus vaste étendue forestière de la planète.

PAGE 42. Tapis de lichens. Trois cladines se distinguent dans la taïga par leur abondance et constituent les lichens terrestres les plus consommés par les caribous :

• La cladine douce ***Cladina mitis***, de couleur gris verdâtre et de forme aplatie.
• La cladine rangifère ***Cladina rangiferina*** apparaît 50 ans après un feu : de couleur grise cendré, elle est aussi appelée lichen à caribous.
• La cladine étoilée ***Cladina stellaris*** survient 70 ans après un feu : de couleur gris verdâtre, elle a la forme très caractéristique de touffes arrondies ressemblant à de petits choux-fleurs. Ce lichen domine le tapis forestier.

Les cladonies sont des lichens présents notamment sur les talus et dans les souches d'arbres. La partie dressée, le podétion, peut être en forme d'entonnoir comme pour *Cladonia fimbriata*. Les podétions des cladonies à tête rouge ***Cladonia cristatella*** supportent leurs organes reproducteurs de couleur rouge (les apothécies).

grande concurrence entre la végétation et limite le développement d'autres espèces à racines dans le sous-bois. En dehors des résineux, le bouleau glanduleux (*Betula glandulosa*), de répartition nordique, est le seul arbuste à prospérer dans ce milieu.

Les lichens, qui résultent de l'association symbiotique d'un champignon supérieur avec une algue verte ou une bactérie, sont en revanche abondants. Capables de résister à une extrême sécheresse, ils puisent l'eau et les particules minérales dans l'atmosphère. Leur croissance est très lente : avec une moyenne de cinq millimètres par an, les tapis de lichens épais de plus de dix centimètres par endroits témoignent de plusieurs décennies d'existence.

Le feu, source de vie

Malgré les précipitations fréquentes, le sol ne retient pas l'eau : il fait l'objet d'un fort dessèchement pendant l'été. Les feux de forêts provoqués par la foudre sont alors fréquents ; combinés à des épidémies d'insectes et des chablis, ces phénomènes naturels renouvellent en permanence le paysage de la taïga. Dans le Grand Nord, la forêt apparaît clairsemée sous l'action du climat car le froid intense empêche une grande fructification des arbres. Dans la taïga du parc des Grands-Jardins, ce sont les feux associés à d'autres facteurs limitants comme la pauvreté des sols qui empêchent la forêt de se densifier.

Malgré l'aspect désolé d'un paysage brûlé, la vie reprend vite ses droits : après un feu, le sol regorge de matières organiques et de sels minéraux. Une forêt secondaire, composée de peupliers faux-trembles, de bouleaux et de saules, s'installe rapidement et offre le couvert à de nombreux animaux comme les lièvres, les élans et les caribous. Par la suite, les herbivores éclaircissent le peuplement de feuillus et favorisent la repousse des conifères : la taïga se réinstalle alors progressivement au bout de trente à quarante ans.

La Toundra

Quelques sommets québécois subissent des conditions climatiques étonnamment rudes pour une altitude moyenne. C'est le cas des monts Jacques-Cartier et Albert, dans le parc de la Gaspésie : les bourrasques de vent atteignent 160 km/h ; le vent continu contribue au gel nocturne toute l'année et le sous-sol (appelé permafrost ou pergélisol) est gelé en permanence. Seul le mois de juillet ne reçoit pas de neige… Autant de facteurs qui interdisent toute croissance normale d'arbres. C'est donc un paysage dénudé, uniquement habillé de pelouses rases, qui constitue la toundra alpine, similaire par certains aspects à la toundra arctique.

Des phénomènes naturels étonnants

Sur la crête de la montagne, les arbres présentent une allure rabougrie et difforme sous les effets combinés du vent glacial et de la neige. Leurs formes surprenantes, en drapeaux ou en bougeoirs, leur valent le nom de « krummholz » qui signifie en allemand « bois tordu ». Au sommet, le paysage prend l'aspect d'un vaste plateau où les roches dessinent de curieuses formes géométriques. En effet, sous l'action de l'eau qui pénètre leurs fissures puis du gel, les pierres éclatent en petites particules. L'alternance de phases de gel et de dégel transporte à la surface ces corpuscules rocheux qui dessinent des alvéoles formées par des cailloux à leur périphérie et du matériel plus fin dans leur centre : ce sont les sols polygonaux. Sur terrain plat, à plus de 1 100 mètres, ces mosaïques sont caractéristiques des sols arctiques et alpins. Dans les zones à faible pente, les plus grosses pierres façonnent par contre de longs sillons parallèles appelés « coulées de blocs ».

Dans ce milieu hostile, la vie n'est pas totalement absente. En prêtant attention, le naturaliste remarque la présence au sol d'une végétation très spécialisée : hormis les lichens, il y observe des plantes dites

Ci-dessus.
Caribou des bois au sommet du mont Jacques-Cartier. Depuis 1949, la chasse au caribou au-dessous du 50e parallèle est interdite au Québec.

Mont Jacques-Cartier

arctiques-alpines comme l'airelle des marécages (*Vaccinium uliginosum*), une autre forme de bleuet, aux fruits bleus comestibles et l'airelle vigne-d'Ida (*Vaccinium Vitis-Idaea*), aux fruits rouges ainsi que des arbustes aux formes naines et rampantes tels que le bouleau glanduleux, le bouleau nain (*Betula pumila*), la camarine noire (*Empetrum nigrum*) et le genévrier commun (*Juniperus communis*). Avec plus de chance, le promeneur peut admirer une des espèces remarquables de ce biotope : le criquet de la Gaspésie (*Melanoplus gaspeensis*), un des papillons arctiques-alpins (*Oeneis sp.*) ou encore le pipit d'Amérique (*Anthus rubescens*), un petit passereau qui niche habituellement dans l'Arctique.

[1] Plantes vivant au contact de la serpentine.

Une roche toxique

La toundra alpine du mont Albert se distingue de celle du mont Jacques-Cartier en raison de la différence de leur sous-sol : alors que pour le premier, la roche est issue du fond océanique, le second révèle un massif granitique d'origine continentale.

Au mont Albert, l'existence inhabituelle d'une toundra au-dessous des 1 100 mètres est surtout due à la présence de la serpentine, une roche ultrabasique riche en magnésium, de nature toxique pour la végétation : elle limite en effet l'absorption du calcium par les plantes. La majorité des espèces végétales de la forêt boréale ne survit pas dans de telles conditions.

Les contraintes sévères du sol ne laissent apparaître que des plantes dites serpentinicoles[1], aux adaptations exceptionnelles. Ces dernières profitent de la moindre accumulation de matières organiques, à l'abri du vent, pour se développer comme dans les fissures de racines des rares krummholz.

Certaines plantes s'illustrent par la beauté de leurs fleurs, tels le lychnis alpin (*Lychnis alpina*), véritable petit bouquet rose qui fleurit de la mi-juillet à la mi-août, et le rhododendron de Laponie (*Rhododendron lapponicum*) qui émerge avant la fonte totale de la neige.

Le caribou des bois
Rangifer tarandus caribou

Mâle dominant perdant ses velours (vers la mi-septembre).
Fait unique dans la famille des cervidés : la femelle de caribou porte aussi des bois, de taille cependant largement inférieure à ceux d'un mâle adulte.
Pour les deux sexes, les panaches interviennent dans la hiérarchie sociale. Pendant la saison du rut, les dominants possédant les plus gros bois deviennent les géniteurs. Chaque ramure est d'ailleurs unique et permet d'identifier un individu.
Les bois des femelles ont pour fonction d'établir une hiérarchie sur les zones d'alimentation en hiver. Les femelles pourvues d'une ramure développée auront directement accès aux lichens terrestres dégagés de la neige par leurs congénères.

Au terme d'une ascension de quatre heures, le randonneur accède au surprenant plateau du mont Albert : la toundra alpine, d'une superficie de treize kilomètres carrés, évoque alors un désert arctique… Les traces de vie sont rares ; seule la végétation témoigne d'une formidable adaptation. Pendant l'été, la température frôle en permanence le 0 °C et pourtant, l'espèce vedette de ce milieu est sans conteste un mammifère qui atteint le poids de 250 kg !

En l'absence d'arbres, et lors de journées sans brouillard, la vue porte loin… avec un peu de patience, cet ongulé émerge de nulle part et dessine l'horizon de sa majestueuse silhouette, parfois suivi de tout un troupeau : les caribous sont au rendez-vous !

Caribou ou renne ?

Appelé caribou en Amérique du Nord et renne en Eurasie, ce cervidé ne forme qu'une unique espèce présentant une répartition circumpolaire dans l'hémisphère nord : *Rangifer tarandus*.

Il existe toutefois huit sous-espèces dans le monde (dont cinq en Amérique du

CI-DESSUS.
Caribou des bois, en pelage d'hiver, dans la toundra alpine du mont Albert. Après une période de mue en début d'été, le caribou arbore un pelage parfait pour la saison de reproduction. À cette époque, sa fourrure épaisse est accompagnée d'une grande crinière blanche sous la gorge : ce contraste de blanc et de brun crée un bon repère visuel entre partenaires.

Nord) qui présentent des variations morphologiques et comportementales. Une seule se rencontre dans l'est du Canada : le caribou des bois (*Rangifer tarandus caribou)*, le plus grand entre tous. En Europe, le renne (*Rangifer tarandus tarandus)* se localise en Scandinavie et dans le nord de la Russie. Contrairement aux populations nord-américaines, les troupeaux y sont majoritairement domestiqués.

Le caribou fréquente la forêt boréale mature, la taïga subarctique et la toundra arctique ou alpine. Plus d'un million d'individus se répartissent du grand nord québécois jusqu'à l'Alaska dont certaines populations, comme celle du caribou de Grant (*Rangifer tarandus granti)*, sont connues pour leurs spectaculaires migrations saisonnières dans la toundra arctique.

Le caribou des bois est, quant à lui, plus inféodé aux plaines boisées et aux marécages de la taïga.

Vers un repeuplement

À la fin du XIXe siècle, cet animal était très largement présent sur tout le territoire québécois. Il a quasiment disparu du Québec méridional dans les années vingt, suite à une synergie de facteurs : chasse abusive, exploitations minières, coupes forestières, émigration massive des caribous…

Compte tenu de son habitat exceptionnel, le parc des Grands-Jardins a été créé en 1981 pour préserver le milieu originel du caribou. Une population d'environ 125 individus se maintient actuellement dans cette zone protégée. Ce troupeau est issu d'une réintroduction, effectuée entre 1969 et 1972, de 82 jeunes qui furent élevés en captivité afin d'effacer leur instinct de migration.

Xalibu, la bête qui pioche

La distribution du caribou est étroitement liée à la présence dans son habitat de lichens qui composent une grande partie de son régime alimentaire. En été, il se délecte aussi de plantes herbacées, de feuilles, de bourgeons et de baies sauvages. En hiver, il doit affronter la neige qui recouvre les lichens terrestres. Pour ce faire, il creuse la profonde couche de neige à l'aide de sa patte : les Micmacs, Amérindiens vivant en Gaspésie, l'ont ainsi surnommé *xalibu*, signifiant « la bête qui pioche ».

Lorsque cette recherche alimentaire exige trop de dépenses énergétiques, le caribou se rabat sur les lichens arboricoles, les usnées (*Usnea sp.*) qui pendent en grappes sur les branches basses des sapins et des épinettes. Constituant 50 % de son alimentation hivernale, il en mange cinq à six kilogrammes par jour. Cette nourriture présente toutefois des carences protéiques. Pour survivre, le caribou possède une particularité physiologique : certains déchets métaboliques comme l'urée sont recyclés dans le sang, ce qui lui permet de compenser la déficience en azote protéique de son alimentation.

Un troupeau relique

Dans le parc de la Gaspésie, une petite population survit dans la toundra alpine des monts Jacques-Cartier et Albert : un troupeau relique de 250 individus environ représente la seule harde à l'état naturel au sud du Saint-Laurent. Isolés depuis une centaine d'années, ces caribous ont développé des caractéristiques morphologiques et comportementales qui les distinguent de leurs frères nordiques. Face à de telles spécificités, les scientifiques émettent l'hypothèse de la présence d'une nouvelle sous-espèce concernant les caribous de la région de Gaspésie, déjà regroupés sous le nom de « population des Maritimes ».

Ces caribous vivent au-dessus d'une altitude de 700 mètres ; suivant la saison, ils occupent soit le sommet, soit les versants boisés de la montagne.

Pendant l'été, ces mammifères fréquentent les sommets dénudés pour compenser leur faible vue : ils peuvent ainsi voir venir plus facilement leurs prédateurs potentiels. De plus, tous les caribous sont des animaux silencieux qui ne vocalisent pas, contrairement aux autres cervidés, pendant la saison de reproduction. Ils ont donc besoin d'un contact visuel pour reconnaître leurs partenaires et leurs concurrents.

En hiver, les caribous de Gaspésie arpentent le milieu forestier pour se protéger des vents violents et continuer à s'alimenter. Afin de se mouvoir sans trop de difficulté dans la forêt boréale, ils portent des bois beaucoup moins imposants que ceux de leurs homologues septentrionaux.

UNE NOUVELLE MENACE

Le loup gris représente une menace seulement pour les caribous du nord. En effet, ce canidé a été exterminé du sud du Saint-Laurent à la fin du XIXe siècle. Suite au recul de la forêt boréale victime de l'extension agricole, le coyote de l'est a progressivement colonisé ces régions où le loup n'était plus présent. Il fut observé pour la première fois au Québec en 1944 puis dans la région de Gaspésie en 1974.

Le coyote de l'est (*Canis latrans thamnos)*, fruit d'une hybridation fertile entre le coyote de l'ouest (*Canis latrans*) et le loup gris (*Canis lupus*), incarne une nouvelle forme de prédation sur les caribous. En effet, chasseur plutôt solitaire, il s'attaque essentiellement aux nouveau-nés alors que les loups visaient autrefois essentiellement les adultes. Responsable de près de 75 % de la mortalité des faons, le coyote a entraîné dans les années quatre-vingt la population des Maritimes au bord de l'extinction.

En 1990, un plan de redressement de la population fut mis en place : sur une période de six ans, une centaine de coyotes fut ainsi éliminée. À l'heure actuelle, un considérable travail d'information et d'encadrement des visiteurs sur les sites naturels permet de moins déranger les caribous et d'optimiser la réussite de leur reproduction. À l'avenir, les caribous de Gaspésie demeureront une population unique mais fragile.

Bois de caribou dans la taïga.
Le promeneur les rencontre rarement dans la nature. En effet, ces ramifications riches en calcium sont rapidement dévorées par des petits rongeurs comme le campagnol-lemming de Cooper ou encore le porc-épic. Les caribous mâles perdent annuellement leurs bois entre décembre et janvier contre mai-juin pour les femelles, quelques jours après la mise bas.

LE CYCLE BIOLOGIQUE DU CARIBOU

• Période de rut :
entre septembre et novembre.
Chaque mâle possède un harem composé de 8 à 10 femelles.
• Période de mise bas :
de mi-mai à mi-juin.
La femelle ne donne naissance qu'à un seul petit.
Mâle et femelle atteignent leur maturité sexuelle vers l'âge de deux ans.

LE LITTORAL

Baie Sainte-Marguerite

« Premières lueurs sur les ondées sablonneuses de la baie Éternité. L'eau glisse encore dans quelques chenaux vers le large… La marée descendante emporte avec elle le reste du paysage, noyé dans un manteau de brume. À l'apparition des premiers rayons de soleil, la masse blanche s'évapore délicatement et s'étire comme un voile au vent… Face à l'étendue vaseuse de la baie, je m'attends à voir se découvrir l'océan. Derrière ce rideau matinal, des falaises vertigineuses s'élèvent alors face à moi et sur les côtés : le fjord du Saguenay vient de se réveiller, en l'espace d'une Éternité… »

Tout comme dans le parc du Saguenay, le littoral québécois invite à vivre un paysage aux multiples visages. De la vallée profonde du fjord jusqu'aux Appalaches qui plongent dans le golfe du Saint-Laurent, en passant par les milliers d'îles et les marais salés d'un incroyable estuaire, cette diversité de milieux est source de richesses naturelles… et de sensations !

Un lieu de passage

Incontournable Saint-Laurent ! Dès la sortie de Montréal, en direction de l'est de la province, il devient un compagnon de voyage quotidien et indispensable : les observations naturalistes ne manquent jamais ! Le Saint-Laurent forme un véritable corridor pour la sauvagine[1] qui trouve sur ses rives et dans les zones humides arrière-littorales des espaces de nidification et d'alimentation. Chaque année, un quart de million d'oiseaux d'eau empruntent ce couloir nourricier et migratoire de grande envergure.

Le Saint-Laurent est effectivement grandiose ; il représente d'ailleurs aux yeux des Québécois bien plus qu'un fleuve : souvent surnommé « mer intérieure », il subit en effet l'influence des marées dans des proportions peu communes pour un fleuve classique.

Mi-estuaire, mi-océan

Le Saint-Laurent se décline sous plusieurs appellations suivant ses limites géographiques. En incluant les Grands Lacs au nord des États-Unis qui forment sa source, il s'étend sur 3700 kilomètres jusqu'au détroit de Cabot, porte d'accès sur l'océan Atlantique. Sur ce long parcours, les océanographes distinguent trois milieux : le fleuve à proprement parler, ou tronçon fluvial, entre la sortie du lac Ontario et l'extrémité est de l'île d'Orléans (550 km) ; l'estuaire (400 km) où les eaux douces et salées se mélangent, puis le golfe, qui se différencie de l'estuaire par un brusque élargissement des rives à la hauteur de Pointe-des-Monts.

Le Saint-Laurent communique avec l'océan par deux détroits qui ceinturent l'île de Terre-Neuve : celui de Belle-Isle au nord et celui de Cabot au sud.

La route des embruns

Le golfe agit comme un aimant : difficile de résister à l'appel de l'océan ! La rive nord du Saint-Laurent emmène vers les îles sauvages de l'archipel de Mingan, paradis des oiseaux de mer, où s'entremêlent baies, anses et îlots aux roches sculptées par les embruns. L'immense île d'Anticosti se profile au large et laisse déjà imaginer ses falaises colossales. La rive sud quant à elle invite à parcourir la péninsule gaspésienne :

[1] Ce terme générique désigne les oiseaux de mer et des marais, et plus particulièrement les canards.

la route côtière entre Sainte-Anne-des-Monts et Gaspé suit le flanc des Appalaches venus mourir dans l'estuaire. Elle se prolonge jusqu'à épouser la sereine baie des Chaleurs qui contraste avec les eaux tourmentées du golfe.

Les rives du Saint-Laurent finissent par se confondre avec la ligne d'horizon : séparées par une distance de 50 kilomètres au niveau de Pointe-des-Monts, elles connaissent un écart de plus de 100 kilomètres entre la ville de Sept-îles et la côte gaspésienne !

Des hôtes en tous genres

Le Saint-Laurent offre une voie maritime unique vers la région des Grands Lacs, cœur industriel et agricole de l'Amérique du Nord. Il incarne donc un haut lieu de passage où se croisent annuellement des milliers de cargos et de paquebots chargés de touristes venus des quatre coins du monde.

Mais le Saint-Laurent est avant tout une artère de vie sous-marine : en provenance de l'océan, zooplanctons, poissons, crustacés et mammifères grouillent dans des eaux remarquablement riches en sels nutritifs et phytoplanctons.

Le hareng atlantique, le maquereau bleu, le saumon atlantique, l'éperlan arc-en-ciel, le capelan, l'anguille d'Amérique ainsi que quelques poissons plats comme le flétan noir et la plie rouge figurent parmi les habitants de l'estuaire convoités par les marins pêcheurs. Les crustacés sont aussi bien représentés avec le crabe des neiges, le homard et les crevettes. Chaque année, plus de quatre millions de homards sont pêchés dans le golfe !

Parmi cette diversité, quelques animaux attirent cependant plus l'attention des visiteurs : il s'agit en effet des plus gros mammifères du monde ! Chaque année, à la fin du mois d'avril, leurs puissants souffles à la surface de l'eau annoncent leur retour dans l'estuaire : les baleines sont sans conteste les estivants vedettes du littoral québécois.

L'estuaire du Saint-Laurent et le fjord du Saguenay

Qu'a pu ressentir Jacques Cartier, célèbre navigateur breton, lorsqu'il entreprit en 1535 de remonter la « rivière du Canada », persuadé d'emprunter une voie vers l'Asie ? Il ne pouvait qu'être convaincu de sa destination en explorant les beautés et les trésors d'un estuaire aussi majestueux…

Les secrets des profondeurs

Et pourtant, le véritable spectacle du Saint-Laurent se dérobe aux yeux de tous : il a lieu dans ses fonds sous-marins où alternent plateaux, montagnes et vallées… L'eau de l'Atlantique pénètre dans le Saint-Laurent par un couloir appelé « chenal laurentien » d'une longueur de 1 200 kilomètres entre le détroit de Cabot et l'embouchure du Saguenay. Cette fosse atteint les profondeurs de 600 mètres à l'entrée du golfe puis de 300 mètres dans l'estuaire et remonte subitement à 40 mètres de la surface au niveau de la ville de Tadoussac ! À cette configuration étonnante des fonds marins s'ajoutent des phénomènes de marées et de courants : l'eau froide et salée de l'océan se dirige en amont de l'estuaire alors que l'eau de surface, moins salée car mélangée aux eaux douces et plus chaude car exposée au soleil, s'écoule vers le golfe.

Enfin, le courant glacial du Labrador en provenance de l'Arctique (d'une température de 3 °C en été) accède dans le Saint-Laurent par le détroit de Belle-Isle puis longe la côte nord et s'engouffre ensuite dans les profondeurs du fjord du Saguenay.

Les effets combinés de la topographie du Saint-Laurent, des jeux de courants, des variations de température et de salinité créent un exceptionnel « cocktail » chimique et biologique. L'estuaire connaît ainsi de juin à septembre une véritable explosion de vie !

Un « cul-de-sac » nourricier

Le chenal laurentien se termine soudainement près de l'embouchure du Saguenay. Cet obstacle vertical, représentant la tête du chenal laurentien, forme quasiment un cul-de-sac où les sels nutritifs (nitrates, phosphates et silicates), accumulés dans les profondeurs, remontent avec le courant froid de l'océan confronté à ce talus naturel (phénomène appelé « upwelling »). La nappe de surface, saturée d'éléments nutritifs, regorge alors de phytoplanctons qui peuvent réaliser leur photosynthèse sous l'effet de l'ensoleillement estival. Les algues se multiplient entre 15 et 30 mètres de profondeur dans d'énormes proportions : jusqu'à 5 à 10 millions d'algues par litre d'eau !

Ce réservoir de nourriture constitue la base de la chaîne alimentaire dans l'estuaire : les algues unicellulaires, telles que les diatomées, nourrissent les crustacés planctoniques comme le fameux krill et les copépodes.

Baleine à bosse dans l'estuaire du Saint-Lauren

Le voyage du Krill

Les euphausides, plus connus sous le nom de krill, sont des zooplanctons cousins de la crevette. Deux espèces sont majoritaires dans le Saint-Laurent : *Thysanoessa-raschi* et *Meganyctiphnaes norvegica*.

Pendant la journée, les euphausides se réfugient dans les profondeurs pour échapper aux prédateurs, puis remontent vers la surface au cours de la nuit pour s'alimenter. Ce comportement de plongée, alternativement soumis aux effets opposés des courants, explique leur lente migration, sur une période de deux ans, du golfe vers l'estuaire. Le krill finit en quelque sorte par être piégé au niveau de la tête du chenal laurentien. Il s'y concentre jusqu'à former des nuages gigantesques de plusieurs kilomètres de long et de large, sur plusieurs dizaines de mètres d'épaisseur ! Ce phénomène de rassemblement planctonique se produit principalement dans une zone située entre les villes de Tadoussac et des Escoumins.

Le krill fait bien évidemment le bonheur des baleines mais aussi des poissons planctophages comme le capelan et le hareng, appréciés à leur tour par les phoques et les oiseaux de mer.

Le fjord du Saguenay

La commune de Tadoussac symbolise aussi l'entrée du resplendissant fjord du Saguenay, le plus méridional au monde. Ce fjord correspond à une profonde déchirure dont la forme typique en auge résulte de l'action des glaciers dans le bouclier canadien, lors de la dernière glaciation. Le fleuve Saguenay (155 kilomètres de long) prend sa source dans le lac Saint-Jean et s'étend jusqu'au niveau de la commune de Saint-Fulgence qui marque aussi la limite de l'eau salée. L'étroit (entre 1 à 3 kilomètres de large) et profond couloir glaciaire prend ensuite le relais sur une centaine de kilomètres pour terminer sa course dans l'estuaire du Saint-Laurent. Il appartient à ces rares fjords qui se déversent dans un estuaire plutôt que dans l'océan.

Le fjord du Saguenay est spectaculaire : en comptabilisant les 1 400 mètres de sédiments accumulés dans son fond, il forme un creux de deux kilomètres avec ses falaises hautes de 450 mètres et une eau profonde de 250 mètres en moyenne !

L'eau froide et salée de l'océan, plus dense, glisse dans les profondeurs du fjord alors que l'eau douce et plus chaude demeure en surface sur une couche mince de dix mètres. En été, la température passe ainsi de 16 °C en surface à 2 °C en profondeur.

La superposition des masses d'eau explique l'incroyable cohabitation de poissons marins et d'eau douce. Ainsi, le grand brochet, l'omble de Fontaine, le cisco de lac et le doré jaune figurent parmi les représentants des espèces d'eau douce du fjord. Le courant du Labrador est quant à lui vecteur d'espèces arctiques et subarctiques telles que la morue arctique (ou saïda), le flétan du Groenland, le sébaste atlantique et le laimargue ou requin du Groenland !

Les seuls mammifères à fréquenter ces

eaux sont le phoque commun, le béluga et plus rarement le petit rorqual.

UNE POLLUTION SOURNOISE

Même si l'estuaire du Saint-Laurent constitue encore un lieu privilégié d'alimentation et parfois de reproduction pour de nombreuses espèces animales, il ne symbolise pas en revanche un milieu écologiquement sain…

En effet, plus de 2000 usines installées le long du Saint-Laurent et du Saguenay y rejettent chaque jour leurs déchets, immédiatement absorbés par l'action « magique » du fleuve. Une quantité incroyable de produits chimiques non biodégradables met ainsi en danger l'ensemble de l'écosystème maritime. À ce triste palmarès figurent des substances comme les métaux lourds (mercure, plomb…), le Mirex, un insecticide déversé dans les Grands Lacs jusqu'en 1972 ou encore les HAP (Hydrocarbures Aromatiques Polycycliques) qui proviennent de la combustion du pétrole ainsi que des industries d'acier et d'aluminium…

Les effets de cette pollution invisible se répercutent sur la faune : des bélugas retrouvés morts, détenant une concentration anormale de composants chimiques dans leurs tissus adipeux, étaient affectés de multiples tumeurs cancéreuses.

L'homme n'est pas non plus à l'abri des effets de ces produits toxiques : à titre préventif, le ramassage des coquillages est interdit sur certains secteurs de la côte.

Néanmoins, depuis quelques années, les industries et les municipalités riveraines accomplissent des améliorations significatives pour réduire leurs émissions de déchets toxiques.

UN PARC MARIN POUR DES EAUX MENACÉES

En 1990, le Parc marin du Saguenay-Saint-Laurent est né d'une volonté commune des gouvernements canadien et québécois d'augmenter le niveau de protection de l'écosystème marin et de sensibiliser le public aux richesses de ce milieu exceptionnel. Ce parc marin offre de nombreux sites de découverte du patrimoine naturel.

Cette zone protégée, d'une superficie de 1 138 km², s'ajoute au parc de conservation du Saguenay, créé en 1983 par le gouvernement provincial et destiné à la préservation de ses rives. Dans ce dernier, plus de 100 kilomètres de sentiers de randonnée pédestre permettent au promeneur d'observer, d'admirer, de comprendre et de transmettre les valeurs d'une nature authentique et préservée.

➲ Les baleines

« Après un départ ensoleillé de la féerique Anse-de-Roche, protégée par les imposantes parois rocheuses du fjord, nous nous dirigeons à grande vitesse sur l'eau tranquille du fleuve vers l'estuaire. La zone de confluence entre les eaux du Saint-Laurent et celles du Saguenay annonce quelques remous… Plusieurs taches blanches émergeant à la surface de l'eau attirent notre attention : ce sont des bélugas, régulièrement observés dans ce secteur. Nous pénétrons ensuite dans l'estuaire en proie à quelques bourrasques de vent : la sortie promet d'être agitée ! Nous percevons déjà au loin une série de souffles. Le cœur bondit juste à l'idée de pouvoir rencontrer les mastodontes des mers… Nous arrivons dans un secteur où un troupeau d'une dizaine de rorquals communs semble très actif. Simultanément, ils ont tous disparu sous les flots… À bord, l'excitation est à son comble malgré les vagues écumeuses qui nous balancent d'un bord à l'autre de l'embarcation.

Les baleines sont ressorties ! Et comment ! Plusieurs d'entre elles frôlent l'embarcation de quelques mètres seulement ; leurs gigantesques masses glissent sans un bruit devant nos yeux éberlués. Le bouillonnement des flots laisse entièrement apparaître leurs têtes ; nous assistons émerveillés à leurs puissants souffles dont la fine pluie vient mouiller nos visages et au bruit de l'air dans leurs conduits nasaux, rapidement inspiré par les évents[1]. Les baleines émergent un peu partout autour du Zodiac

Ci-dessus.
Les baleines ne s'attardent pas toutes la même durée dans l'estuaire du Saint-Laurent : certaines stationnent pendant plusieurs mois alors que d'autres n'effectuent qu'une halte d'une journée.

[1] Les évents, situés au sommet du crâne, correspondent aux orifices des conduits nasaux. Ils sont au nombre de deux chez les mysticètes contre un seul chez les odontocètes. Lors de l'expiration, les évents fortement contractés forment un bourrelet visible au-dessus de la tête.

Sillons ventraux et nageoire pectorale d'un rorqual commun. La zone jugulaire des rorquals présente 50 à 100 sillons ventraux, selon les espèces, répartis du menton jusqu'au nombril. Ce trait physique caractérise la famille des rorquals (du norvégien *ror* « plis » et « hval » baleine). Le rorqual commun se nourrit souvent en nageant sur les côtés afin de changer rapidement de direction. Il est toutefois rare de l'observer s'alimenter à la surface de l'eau.

et prennent des directions imprévisibles. Le tumulte de l'eau semble les contraindre à effectuer des mouvements rapides et agités pour rassembler le krill et le poisson. Après une série d'émersions, nous les voyons une par une, deux par deux, arquer le dos : cette fois, elles ont sondé les profondeurs… et nos cœurs. »

La rencontre avec ces seigneurs des océans reste un moment inoubliable. Chaque sortie en mer réserve son lot de surprises et d'émerveillements : les eaux calmes ou agitées du Saint-Laurent, les brumes envoûtantes du petit matin ou le feu rasant du coucher de soleil, l'observation d'espèces peu fréquentes ou rares mais surtout, les comportements variés et inattendus de ces mammifères passionnants.

Le Saint-Laurent accueille annuellement, d'avril à octobre, plusieurs centaines de baleines venues reconstituer leurs réserves de graisse. Il représente à l'échelle internationale une zone exceptionnelle d'alimentation pour la faune marine. Figurant parmi les rares endroits dans le monde où les cétacés se rassemblent dans une telle variété d'espèces, le Saint-Laurent offre l'opportunité d'observer et de mieux connaître des animaux encore très énigmatiques…

À dents ou à fanons[1] ?

L'ordre des cétacés compte une grande diversité d'espèces ; il convient d'en distinguer deux sous-ordres aux traits physiques distinctifs :

- les odontocètes représentent les cétacés pourvus de dents : ils regroupent les dauphins, les orques, les globicéphales, les marsouins, les cachalots, les baleines à bec, les bélugas et les narvals. Ils se déplacent généralement en groupes au sein desquels s'entretiennent des liens sociaux très forts ;

- les mysticètes concernent les autres cétacés, ceux à fanons. Le terme générique de « baleine » est généralement employé pour désigner ces cétacés dont certains membres sont les plus imposants de l'ordre. Beaucoup moins nombreux, ils comprennent les baleines grises, les baleines franches et les rorquals dont la famille (les balaenoptéridés) prédomine en nombre d'espèces. En dehors de la période de nourrissage et de reproduction, ce sont des animaux plutôt solitaires.

[1] Chaque fanon est composé de deux plaques cornées, constituées de kératine comme les ongles humains et renfermant de nombreux poils durs qui s'effilochent dans la partie inférieure. D'une longueur (entre 80 cm et 4,5 m) et d'un nombre (entre 400 et 900) variables selon les espèces et les individus, les fanons sont uniquement disposés de chaque côté de la mâchoire supérieure.

Les baleines du Saint-Laurent

Parmi les 80 espèces de cétacés existant à travers le monde, 13 d'entre elles ont été observées dans le golfe et l'estuaire du Saint-Laurent, dans des proportions inégales et fluctuantes.

L'estuaire est avant tout le lieu de concentration du petit rorqual, le plus abondant, du rorqual commun, deuxième plus grande baleine au monde, du béluga et du marsouin commun.

Quelques individus seulement du rorqual bleu, la plus grande des mysticètes, et du rorqual à bosse s'aventurent tous les ans dans l'estuaire alors qu'ils se rassemblent en nombre dans le golfe.

Certaines années, l'estuaire accueille aussi des visiteurs exceptionnels tels que le cachalot macrocéphale (*Physeter catodon*) et la rarissime baleine franche noire, ou baleine de Biscaye (*Eubalaena glacialis*).

Quant aux dauphins, représentés par le dauphin à flancs blancs (*Lagenorhynchus acutus*) et celui à nez blanc (*Lagenorhynchus albirostris*), leurs incursions dans l'estuaire sont furtives et occasionnelles. Ils préfèrent stationner dans les eaux plus chaudes du golfe où ils sont régulièrement observés à évoluer en troupeaux de plusieurs centaines d'individus.

Géantes parmi les géantes !

La baleine bleue ou rorqual bleu (*Balaenoptera musculus*) est le plus gros animal ayant jamais existé sur la planète. Le record de poids est détenu par une femelle de 27,6 mètres de long qui pesait 190 tonnes !

Quelques rares individus sont annuellement observés dans l'estuaire du Saint-Laurent, au niveau de la commune des Grandes-Bergeronnes. Le mois de septembre est la meilleure époque pour leur observation. Leurs effectifs mondiaux s'élèvent à un maximum de 10 000 individus.

Voici quelques chiffres qui témoignent du caractère exceptionnel de la biologie de la baleine bleue : jusqu'à 30 mètres de long pour un poids de 135 tonnes, soit 25 fois celui d'un éléphant d'Afrique ! Elle peut engloutir 30 000 litres d'eau en une seule fois, éjectés ensuite par sa langue de 4 tonnes. Elle ingurgite 2 à 4 tonnes de krill par jour. Sa nageoire caudale atteint 6 mètres d'envergure. Après 11 mois de gestation, le baleineau pèse à sa naissance 2,5 tonnes et mesure 7 mètres.

Objectif : manger !

Les baleines demeurent dans le Saint-Laurent dans le but unique de s'alimenter. Toutes leurs activités sont donc focalisées sur l'absorption de cette nourriture abondante jusqu'à l'époque de formation des glaces dans le golfe, au début du mois de novembre. Pendant leur période de nourrissage, les baleines doivent consommer quotidiennement l'équivalent de 4 % de leur poids, soit environ 2 500 kg de proies pour un rorqual commun ! Passé la saison faste, elles quittent les eaux froides et se rendent vers des océans plus cléments en direction de l'hémisphère sud. Les eaux chaudes sont moins productives et peu nutritives pour les baleines qui se nourrissent, en conséquence, beaucoup moins le reste de l'année.

Les techniques de pêche et les proies capturées diffèrent sensiblement d'une espèce à l'autre, Selon leur morphologie. Les cétacés à dents se nourrissent surtout de calmars et de poissons alors que les cétacés à fanons privilégient le krill et les copépodes. Certaines espèces de poissons (harengs, capelans et lançons) constituent aussi une part importante du régime alimentaire du rorqual commun et du petit rorqual. Seul le rorqual bleu se nourrit presque exclusivement de krill.

La technique de l'écholocation est utilisée notamment par les dauphins et les bélugas pour communiquer entre individus, se repérer et chasser. Ils émettent des ultrasons sous forme de cliquetis : l'écho de ces sons sur un obstacle leur fournit la nature,

En proportion, les poumons des baleines ne sont pas plus volumineux que ceux de l'homme. Elles vident cependant complètement leurs poumons à chaque souffle : 90 % de l'air est échangé contre 15 % chez les autres mammifères. Pour compenser ce faible volume respiratoire, leurs muscles emmagasinent une grande quantité d'air. Si l'oxygène vient à manquer, les baleines peuvent métaboliser leurs graisses afin de produire de l'énergie. Les apnées durent en moyenne 5 à 15 minutes, jusqu'à 30 minutes : le record est détenu par la baleine à bec capable de s'immerger pendant plus de deux heures !

Les baleines doivent contracter volontairement les muscles de leurs évents pour respire
L'air chaud des poumons, violemment expulsé, se condense au contact de l'air moins chaud de l'extérieu
L'eau condensée du souffle est donc plus visible quand l'air ambiant est froic
Les baleines expirent juste avant la surface de l'eau : leur souffle projette aussi un peu d'eau de mer en l'ai

la distance et la vitesse d'un objet vivant ou non. Sans être l'apanage des odontocètes, ce système serait moins élaboré chez les mysticètes qui communiquent entre eux en diffusant des infrasons portant sur plusieurs centaines de kilomètres ! Ces sons sont d'ailleurs à l'origine des fameux chants des baleines aux sonorités troublantes. Par ailleurs, les cétacés à fanons semblent plus se déplacer et chasser à vue lorsqu'ils sont proches de la surface de l'eau. Ils sont toutefois munis de vibrisses à l'extrémité de leur museau qui leur permettraient d'évaluer la densité de krill. Ces petits poils leur éviteraient ainsi un rapport énergétique déficitaire (apport calorique des proies/énergie dépensée pour la capture) lorsque la quantité de nourriture disponible est trop faible.

Chez le rorqual à bosse, ces vibrisses surmontent les nombreuses petites bosses, appelées nodules, particulièrement visibles sur sa tête.

Quand le nuage de crustacés planctoniques est suffisamment dense, les rorquals engouffrent dans leur gueule une impressionnante quantité d'eau qui distend leur peau, de la gorge jusqu'au ventre. Ces baleines possèdent sous le ventre de longs plis profonds et extensibles qui leur permettent d'avaler une énorme masse d'eau à la fois (jusqu'à 20 000 litres chez le rorqual commun). L'eau est ensuite expulsée par la langue et filtrée au travers des fanons qui retiennent les proies. Le rorqual à bosse use à l'occasion d'une tactique de pêche remarquable, pratiquée seul ou en groupe : il décrit une spirale ascendante sous le banc d'euphausides ou de poissons en laissant échapper une myriade de bulles d'air de ses évents. Pris de panique, les proies se rassemblent et se trouvent emprisonnées par le rideau de bulles qui les encercle : la baleine à bosse remonte alors vers la surface, gueule grande ouverte…

Une vie mystérieuse

L'observation en surface des baleines ne fournit malheureusement que bien peu d'informations sur leurs mœurs. De plus, nous ne voyons émerger qu'une infime partie de ces géants des mers… Que se passe-t-il sous le « miroir », ce cercle lisse qu'elles laissent à la surface lorsqu'elles sondent les profondeurs ?

La station de recherche des îles Mingan (MICS) et le Groupe de recherche et d'éducation sur les mammifères marins (GREMM) situé à Tadoussac tentent de percer certains de leurs secrets.

Une des plus grandes interrogations du

milieu scientifique concerne leurs déplacements en dehors des zones d'alimentation : où migrent les baleines ?

Seule la baleine à bosse, l'espèce la plus étudiée jusqu'à présent, a révélé une partie de ses trajets dans les océans : les populations nord-atlantiques se rendent en hiver dans les eaux chaudes des Caraïbes, au large de la république Dominicaine et de Porto Rico, où elles mettent bas. Après un parcours de 5000 kilomètres, elles se livrent à leurs célèbres chants sous-marins et à de spectaculaires ébats amoureux.

L'énigme est toujours d'actualité pour les autres espèces qui n'effectuent pas de tels rassemblements en hiver, hormis la baleine grise (*Eschrichtius robustus*), population du Pacifique, qui se reproduit dans les lagunes de Basse-Californie au Mexique.

Les progrès de la recherche

Depuis de nombreuses années, les scientifiques utilisent la photo-identification pour reconnaître et individualiser les baleines. Cette méthode consiste à photographier les cicatrices, les marques naturelles, les nageoires dorsales et caudales qui permettent d'identifier un individu. Tous ces clichés constituent une banque de données internationale qui coordonne les observations des centres de recherche à travers le monde.

Une centaine de rorquals communs ont ainsi été référencés par le GREMM dans l'estuaire du Saint-Laurent. La station de recherche des îles Mingan a aussi identifié le même nombre de baleines bleues dans le golfe. Plus de 4000 baleines à bosse possèdent une fiche d'identification sur l'ensemble de l'Atlantique nord.

Le suivi photographique des observations a révélé une fidélité aux sites d'estivage de certains individus. Parmi eux, citons le cas de « Grand Galop » et « Le Bossu », deux rorquals communs, ainsi que celui de « Siam », une baleine à bosse habituée à séjourner dans l'estuaire.

Les techniques actuelles permettent désormais de réaliser des études à long terme sur d'autres aspects de leurs mœurs. Par exemple, l'analyse génétique des tissus prélevés sur ces animaux éclairera les biologistes sur la structure sociale et les liens de parenté potentiels dans les troupeaux de baleines. Pour ce faire, les scientifiques effectuent une biopsie[1], de 6 mm de diamètre et 25 mm de long, à l'aide d'une arba-

[1] Ce terme désigne le prélèvement d'un fragment de tissu sur un être vivant, dans un but scientifique ou médical.

lète et à partir d'un bateau. Les quelques radio émetteurs placés sur le dos des cétacés apportent également des éléments de réponses quant à leurs déplacements quotidiens dans l'estuaire et leurs activités au cours des plongées. Les résultats rendent compte, entre autres, de l'influence du rassemblement de bateaux touristiques sur les comportements de plongée des rorquals communs.

De la chasse à l'observation

La chasse commerciale à la baleine a été interdite au Canada en 1972. Celle de subsistance est néanmoins autorisée et réglementée pour les populations autochtones du Grand Nord : cette chasse concerne le béluga, le narval et la baleine franche du Groenland.

Les bateaux de chasse ont été supplantés depuis par ceux des croisières d'observation des baleines. Face à l'engouement du public, cette activité s'est rapidement transformée en industrie touristique. En 1997, 300 000 personnes ont bénéficié des services d'un des nombreux excursionnistes, ce qui a représenté un chiffre d'affaires total de 40 millions de dollars !

La multiplicité des activités d'observation en mer n'est pas sans danger pour les baleines. Selon une récente étude du Groupe de recherche et d'éducation sur les mammifères marins, la présence de plus de cinq embarcations sur un lieu précis modifie le comportement de plongée des rorquals communs. Ces derniers réduisent en effet leur temps de submersion, ce qui pourrait avoir pour conséquence une réelle perturbation dans leur activité d'alimentation et la constitution vitale des réserves de graisse.

Une nouvelle gestion de cette industrie en collaboration avec les biologistes, assortie du respect d'un code d'éthique, s'avère nécessaire pour établir une cohabitation durable entre les baleines et les excursions d'observation. Par leur pouvoir de fascination, ces « safaris aux baleines » s'imposent comme un support essentiel de sensibilisation et d'éducation au monde de l'océan. Excursionnistes et scientifiques doivent avancer ensemble vers le même but : garantir la pérennité des populations de mammifères marins dans le Saint-Laurent.

➲ Comment identifier une espèce de baleine ?

Dans l'estuaire du Saint-Laurent, les espèces les plus fréquemment observées sont le rorqual commun et le petit rorqual. Au cours de la saison, quelques rorquals à bosse font aussi le bonheur des observateurs. Le temps d'apparition des baleines en surface est souvent assez court. Après quelques rencontres, il est toutefois assez facile de distinguer ces trois baleines.

L'identification d'une espèce repose sur un faisceau d'indices : le lieu d'observation (sur la côte ou en pleine mer), la hauteur et la forme du souffle, la forme et les couleurs de la nageoire caudale (la queue), la forme de la nageoire dorsale (l'aileron), la longueur de dos, le comportement en surface et lors de la plongée, la séquence respiratoire, le déplacement en groupe ou en solitaire… Un seul de ces critères permet parfois de reconnaître l'espèce.

Les manifestations spectaculaires des baleines

L'image très médiatisée de la baleine sortant sa queue hors de l'eau est quelque peu illusoire. En effet, seule la baleine à bosse présente fréquemment ce trait comportemental sans être cependant systématique. Dans le Saint-Laurent, environ 15 % des baleines bleues montrent aussi leur nageoire caudale en plongeant. C'est un fait rarissime en ce qui concerne les autres rorquals.

La baleine à bosse est aussi célèbre pour ses sauts hors de l'eau : ses bonds imprévisibles apparaissent dans des contextes très variés. Le petit rorqual et le rorqual commun s'élancent parfois dans les airs, en sortant la moitié de leur corps, lorsqu'ils engloutissent leurs proies.

Le petit rorqual
Balaenoptera acutorostrata

Le petit rorqual atteint 8 mètres de long pour un poids de 7 tonnes.

Il possède des miroirs blancs sur la face externe de ses nageoires pectorales. Son dos est de couleur gris ardoisé et son ventre blanc.

• Aileron : sa nageoire dorsale présente une forme en faucille (dite falciforme) très prononcée. L'aileron se découvre presque au moment du souffle.

• Émersion : ce rorqual de petite taille apparaît en deux séquences : les évents puis le haut du dos. C'est un cétacé plutôt solitaire qui est souvent observé le long des côtes rocheuses.

LE RORQUAL COMMUN
BALAENOPTERA PHYSALUS

Le rorqual commun est la seconde plus imposante des baleines, après le rorqual bleu : 20 mètres de long pour un poids de 40 à 50 tonnes ! Il possède une tête très allongée avec un museau en forme de « V ». Seul le côté droit de son rostre est blanc.

• Aileron : grande nageoire dorsale (60 cm) souvent de forme triangulaire ; les jeunes peuvent cependant présenter la forme falciforme. La nageoire dorsale apparaît après le souffle et lorsque la tête a replongé.

• Émersion : ce rorqual de grande taille se montre en quatre séquences : les évents apparaissent en premier, puis vient le haut du dos, l'aileron sort ensuite et la fin du dos termine son apparition à la surface. Il respire 6 à 7 fois avant de sonder. C'est une baleine très véloce : elle peut atteindre une vitesse de nage de 40 km/h. Elle se déplace généralement en groupe.

LE RORQUAL À BOSSE
MEGAPTERA NOVAEANGLIAE

Le rorqual à bosse est de taille moyenne : 12 mètres de long pour un poids de 25 à 30 tonnes.

Il porte aussi le nom de mégaptère (de *mega* « grand » et *pteron* « ailes ») en référence à ses nageoires pectorales démesurées : chacune d'elles mesure 5 mètres de long !

• Aileron : sa nageoire dorsale est très courte, parfois presque inexistante et placée sur un renflement du dos (la bosse). L'aileron peut être confondu avec celui du cachalot mais ce dernier possède un souffle très caractéristique, orienté vers l'avant et à gauche de sa tête.

• Émersion : la baleine à bosse émerge et nage lentement ; elle reste parfois immobilisée à la surface de l'eau. Elle sort régulièrement sa queue crénelée hors de l'eau en plongeant : les dessins blanc et noir du dessous de sa nageoire caudale sont spécifiques à chaque individu.

Les bélugas se déplacent en groupes de deux à plusieurs dizaines d'individus. L'été, ils s'observent principalement aux alentours de l'embouchure du Saguenay ; les groupes de femelles associées aux jeunes se distinguent alors de ceux composés des mâles et des adolescents. Pendant l'hiver, ils se déplacent vers le golfe pour échapper aux glaces.

➲ Le Béluga *Delphinapterus leucas*

Parmi toutes les espèces de baleines du Saint-Laurent, il en est une qui se remarque aisément à la surface de l'eau : le corps blanc du béluga contraste avec les eaux sombres de l'estuaire. Curieux de nature, certains individus approchent même des bateaux d'observation. Leurs « ombres » blanches planent alors autour des embarcations puis s'évanouissent tels des fantômes…

Le fantôme de l'Arctique

Le béluga occupe toutes les eaux arctiques et subarctiques de l'hémisphère nord. Sa population mondiale est évaluée à environ 60 000 individus dont la moitié est répartie en Amérique du Nord. Cette petite baleine à dents, de 3 à 5 mètres de long pour un poids variant de 700 à 1 500 kg, est affligée d'un faciès étonnant : le béluga semble arborer un large sourire ! Il utilise d'ailleurs sa bouche comme un siphon pour aspirer des vers enfouis dans la vase (néréides et autres vers polychètes).

Chez le béluga, le melon[1] est particulièrement proéminent. Ce caractère physiologique joue un rôle important dans l'écholocation qui lui fournit une image sonore des objets rencontrés. Les ultrasons émis par le béluga servent à la communication entre partenaires, à repérer les proies ainsi que les trous dans la glace pour respirer. Le répertoire varié de sons qu'il diffuse, évoquant parfois des chants d'oiseaux, lui vaut le surnom de « canari des mers ».

Bien que la traduction de son nom d'origine russe signifie « baleine blanche », sa couleur varie en fonction de l'âge. De café au lait à la naissance, le jeune béluga passe au gris bleuté entre un et deux ans (appelé alors « bleuvet »), puis au gris entre trois et quatre ans (surnommé à cette période « blanchon ») ; il ne portera une livrée blanche immaculée qu'à l'âge adulte, à partir de cinq ans.

[1] Masse graisseuse située dans le front, qui peut se déformer pour diriger les sons.

Un résident en danger

Les bélugas du Saint-Laurent sont les plus méridionaux au monde. Ils constituent en fait une population isolée qui fut séparée des peuplements arctiques lors de la dernière glaciation, il y a 10 000 ans. Cette population relique a souffert de multiples agressions au cours du siècle dernier. Des 5 000 bélugas s'épanouissant dans le Saint-Laurent en 1885, il ne subsiste plus aujourd'hui que 1000 à 1200 individus... Ils furent désignés dans les années trente comme responsables de la diminution des stocks de morues et de saumons. Tous les moyens de destruction ont été employés, de la prime de mise à mort attribuée par le gouvernement jusqu'aux bombardements aériens !

Le génocide s'est interrompu dans les années cinquante avec l'interdiction de la chasse commerciale. La population connaît depuis des effectifs fragiles qui doivent affronter les effets secondaires de la société moderne : la pollution d'origine industrielle et le dérangement.

Résidant toute l'année dans le Saint-Laurent et situé au sommet de la chaîne alimentaire, le béluga est par conséquent exposé de façon continue aux différents produits toxiques, assimilés par les pois-

sons, qu'il concentre tout au long de sa vie. L'Institut national d'écotoxicologie du Saint-Laurent a analysé les tissus adipeux et les organes vitaux des 75 bélugas retrouvés morts depuis 1982 : ils contenaient tous des produits chimiques, jusqu'à 24 substances différentes, à des taux anormaux. Les contaminants affecteraient leur système reproducteur et leurs défenses immunitaires, tout en favorisant l'apparition de tumeurs, d'ulcères et de lésions en tous genres. Une importante baisse de fécondité a été constatée chez le béluga du Saint-Laurent. Avec seulement 20 à 30 naissances par an, le taux de natalité est réduit de 50 % par rapport aux populations arctiques !

La pollution, la diminution des ressources alimentaires, la perte d'habitats, le dérangement et l'augmentation du trafic maritime sont autant d'obstacles qui interdisent malheureusement le changement à court terme de son statut actuel dans le Saint-Laurent : le béluga, une espèce en danger de disparition.

CI-DESSUS. Le béluga ne possède pas de nageoire dorsale mais une crête qui pourrait l'aider à briser la glace pour respirer. Les marques et les cicatrices visibles sur leurs dos permettent d'identifier un individu. Depuis 1985, le Groupe de recherche et d'éducation sur les mammifères marins a ainsi référencé 250 bélugas dans le Saint-Laurent.

PAGE 74. Le béluga fréquente régulièrement le fjord du Saguenay ; il y est d'ailleurs observé jusqu'au niveau de la ville de Chicoutimi. La baie Sainte-Marguerite et le centre d'observation de Pointe-Noire représentent les meilleurs endroits pour observer de la côte, de juin à septembre, les comportements de surface des bélugas.

LE CYCLE BIOLOGIQUE DU BÉLUGA

- Période de rut : entre avril et mai. Les mâles sont polygames.
- Période de mise bas : entre fin juin et début août. Après une gestation de quatorze mois, la femelle ne donne naissance qu'à un seul petit, sevré à l'âge de 2 ans. Les femelles mettent donc bas tous les trois ans.

La maturité sexuelle est atteinte à l'âge de 5 ans pour la femelle et de 8 ans pour le mâle.

Le rivage et ses zones humides

« Depuis plusieurs jours, tous les amoureux de nature ont les yeux rivés sur le ciel. Les clameurs se font entendre au loin puis les silhouettes gracieuses se dessinent entre deux nuages, dans une démonstration innée de mouvements et de regroupements harmonieux. Par vagues successives de plusieurs centaines d'individus, les oies des neiges habillent d'un pur manteau blanc le marais salé du Cap Tourmente. Après plusieurs milliers de kilomètres, elles interrompent leur incroyable voyage en se laissant tomber, tels des flocons de neige, sur ce lieu privilégié d'alimentation. Pendant plusieurs semaines, la réserve va vivre au rythme d'une cacophonie exaltante : les oiseaux migrateurs sont les ambassadeurs du cycle de la vie… »

Des milieux vitaux

L'estuaire du Saint-Laurent représente un couloir migratoire d'envergure internationale sur la façade est de l'Atlantique Nord. La variété des milieux humides le long de son rivage permet d'accueillir et d'héberger une grande diversité d'espèces aquatiques, des petits limicoles aux grands échassiers, en passant par les innombrables canards et passereaux palustres. Tous ces oiseaux trouvent dans les marécages et les

Bécasseau semipalmé ***Calidris pusilla***. Ce « moineau des mers » appartient au groupe des limicoles : ce terme générique (du latin *limus colere*, signifiant « qui habite le limon ») réunit tous les échassiers qui fréquentent les vasières littorales lors de leurs voyages migratoires. Le bécasseau semipalmé se mélange très souvent avec d'autres espèces de son genre.

plateaux vaseux la nourriture nécessaire pour élever leur progéniture ou pour poursuivre leur migration vers les États-Unis et l'Amérique centrale.

Ces milieux naturels sont toutefois principalement situés dans les régions les plus habitées du Québec. Entre 1950 et 1978, plus de 4000 hectares de zones humides ont disparu le long du Saint-Laurent, victimes du remblayage, du drainage et du développement urbain dans des secteurs à fort potentiel économique. Certaines espèces d'oiseaux sont devenues très rares. C'est le cas par exemple du petit butor (*Ixobrychus exilis*), du râle jaune (*Coturnicops noveboracensis*), du troglodyte à bec court (*Cistothorus platensis*) et du bruant à queue aiguë (*Ammodramus caudacutus*) menacés par la disparition de leurs habitats.

Groupe de limicoles en migration

Afin d'enrayer la destruction de milieux vitaux pour de nombreuses espèces, le Service canadien de la faune a acquis en 1969 plusieurs zones humides, situées sur les rives du Saint-Laurent dans des endroits stratégiques pour la migration. Le réseau de huit réserves nationales de faune a ainsi été créé, dont celle du Cap Tourmente. À son origine, cette réserve avait pour objectif de conserver un milieu essentiel à la grande oie des neiges : les marais à scirpes d'Amérique (ce type de marais caractérise les eaux douces et saumâtres de l'estuaire du Saint-Laurent). Les tiges et les rhizomes du scirpe d'Amérique, plante semi-aquatique, fournissent en effet la nourriture nécessaire aux oies pour poursuivre leur migration vers les régions du New-Jersey et de la Caroline du

CI-DESSUS.
La grande oie des neiges ***Anser caerulescens atlanticus*** stationne chaque année dans la réserve du Cap Tourmente d'avril à mai et de fin septembre à fin novembre. Le pic de passage, vers la mi-octobre, rassemble plus de 100 000 oies en même temps ! Les individus qui s'attardent plusieurs semaines dans cette zone protégée exhibent une couleur rouille au niveau de la tête et du cou : la vase contient en effet des traces de fer qui marquent naturellement les oies les plus fidèles au site.

Sud, aux États-Unis. Nicheuse arctique (îles de Baffin et de Bylot), la grande oie des neiges parcourt plus de 4000 kilomètres pour rejoindre ses stations hivernales sur les côtes est-américaines ! Sur ce long parcours, la réserve nationale de faune du Cap Tourmente représente une étape majeure et vitale pour la totalité de l'espèce. Chaque automne, les quelque 800000 individus constituant sa population mondiale défilent sur cette réserve et les rives du Saint-Laurent !

UNE FLORE SPÉCIALISÉE

La présence des oiseaux est étroitement liée à celle de la végétation. Au Québec, les zones humides comprennent trois grands biotopes : les milieux influencés par la marée, les marécages et les tourbières.

Le rivage du littoral, fréquenté par les phoques et les oiseaux, est notamment constitué de nombreux marais salés, surnommés « barachois » en Gaspésie. Ces derniers se rencontrent principalement à l'extrémité de la péninsule gaspésienne et autour de la baie des Chaleurs. Qu'ils soient estuairiens (formés à l'embouchure d'une rivière) ou lagunaires (baies retenues par un cordon dunaire), les barachois se caractérisent par une forte accumulation de sédiments (sable, argile et vase) où se développe une flore spécifique et adaptée au milieu salé. Au cours de la journée, ces milieux abrités laissent apparaître l'estran[1] : cette surface vaseuse abrite une myriade de vers annelés (néréis, arénicoles), de petits crustacés et autres invertébrés qui font le bonheur des oiseaux d'eau. La partie supérieure du rivage est colonisée par une végétation dense composée de plantes dites halophytes car capables de survivre en milieu salé. Le marais salé de l'Anse à l'Orignal, dans le parc du Bic, illustre parfaitement la répartition de ces plantes dans les différentes zones littorales selon le degré de salinité du sol et la fréquence de submersion par l'eau de mer. L'estran est colonisé par la zostère marine, une plante broutée par les canards et les bernaches ; apparaissent ensuite successivement la salicorne d'Europe, la spartine étalée, puis dans les zones recouvertes uniquement par les grandes marées (les prairies salées) : le plantain maritime, la fétuque rouge, la glauce maritime, le jonc de la Baltique, le scirpe maritime et le carex écailleux.

[1] L'estran, appelé aussi batture ou zone intertidale, désigne le plateau vaseux qui se dégage entre la pleine et la basse mer.

Le phoque gris (photo ci-dessus) se distingue aisément du phoque commun (ou veau marin). Il possède en effet une taille imposante : 3 mètres de long pour un poids de 300 kg en moyenne pour le mâle contre 1,5 mètre pour 100 kg chez le phoque commun. De plus, ces deux espèces présentent des profils de tête tout à fait distincts : le phoque commun possède une tête bien ronde et un museau court qui marque un net décrochement avec le front (profil de chien) alors que, chez le phoque gris, le museau très allongé s'aligne avec le front (profil de cheval).

Les phoques

« À quelques encablures du rivage, j'entends déjà les mugissements des phoques gris dans la baie. Leurs étranges vocalises, évocatrices des sirènes légendaires, leur ont valu le surnom de loup marin. Les sons ainsi émis leur permettent de communiquer entre eux et signifient, dans certains cas, une menace ou un défi. À l'approche de la marée haute, les îlots rocheux deviennent rares et ces lieux de repos sont très convoités… Aux cris étranglés s'ajoutent alors des confrontations mouvementées qui donnent naissance à de violentes éclaboussures, signes d'intimidation. La mer finit par recouvrir tous les rochers et les phoques doivent se résigner à changer de secteur. Le moment est venu pour la plupart de se consacrer à l'activité de la pêche… »

De surprises en surprises

S'il arrive parfois de les surprendre dans une quelconque agitation, les phoques se montrent plus souvent figés sur le rivage, semblables à de quelconques blocs de pierre. Seuls quelques torsions du corps ou les timides mouvements de leurs nageoires trahissent de temps en temps leur mimétisme… Et pourtant, derrière cette ostensible apathie se cachent des animaux véloces et pleins de ressources ! À plusieurs reprises, j'ai eu la surprise d'observer des phoques effectuer des bonds répétés hors de l'eau, à une vitesse défiant celle des dauphins. Une autre fois, un mâle de phoque gris, à demi immergé, agitait dans tous les sens de longues algues brunes qui recouvraient sa tête et qu'il tenait fermement dans sa gueule. Démonstration de force ou simple jeu, cette manifestation de « rock star » excentrique semblait lui procurer du plaisir !

Il est parfois difficile de distinguer chez ces animaux le comportement vital de l'attitude purement ludique. Peu de gestes ou de comportements sont toutefois sans intérêt pour l'animal. Par exemple, l'agitation de leurs nageoires richement vascularisées favorise une déperdition calorifique : en effet, protégés par une épaisse couche de graisse qui les autorise à vivre dans les eaux glacées, les phoques souffrent d'hyperthermie une fois à terre.

Entre banquises et rivages

La vie des phoques dans le Saint-Laurent est rythmée par la formation et la fonte des glaces ainsi que par la nécessité de se reproduire et de muer[1]. À ces occasions, ils quittent l'élément liquide pour se rassembler dans des zones précises du rivage ou de la banquise appelées « échoueries ». Les périodes de mise bas et de mue diffèrent sensiblement d'une espèce à l'autre. Quant à l'accouplement, il s'effectue toujours au moment du sevrage des nouveaux-nés.

Les eaux du golfe et de l'estuaire hébergent plusieurs espèces de phoques en fonction des saisons : le phoque commun, le phoque gris, le phoque du Groenland, le phoque à capuchon et, dans une moindre mesure, le phoque annelé et barbu qui se réfugient en hiver dans le détroit de Belle-Isle, près de Terre-Neuve.

Les eaux gelées du golfe représentent un haut lieu de reproduction, notamment

[1] Lors de la mue, les phoques reconstituent entièrement leur pelage. Ils perdent alors progressivement leur épiderme qui se détache sous forme de plaques.

Phoque commun.
Chez les phoques, la vue est sans doute plus performante et plus utile sur terre que dans l'eau. Si leurs larges yeux captent tout de même le peu de lumière des grandes profondeurs, leurs moustaches (appelées vibrisses) sont très sensibles et détectent dans l'eau les vibrations occasionnées par les mouvements de leurs proies. La survie de quelques phoques aveugles a contribué à révéler l'importance de cet organe tactile.

	LES CYCLES BIOLOGIQUES DES PHOQUES		
	PÉRIODE DE MISE BAS	ÂGE AU MOMENT DU SEVRAGE	PÉRIODE DE MUE
Phoque commun *Phoca vitulina*	mai à juin	4 à 6 semaines	juillet à août
Phoque gris *Halichoerus grypus*	mi-décembre à mi-février	2 à 3 semaines	avril à juin
Phoque du Groenland *Phoca groenlandica*	février à mars	9 à 12 jours	avril à mai
Phoque à capuchon *Cystophora cristata*	février à mars	4 jours	juin

Groupe de phoques communs. Les phoques forment en zoologie le sous-ordre des pinnipèdes (signifiant « pieds en forme de nageoires ») en référence à la formidable adaptation de leurs membres au milieu aquatique. Les pattes postérieures présentent des phalanges très allongées reliées entre elles par des membranes natatoires : elles servent ainsi de puissants propulseurs sous l'eau. Très véloces, les phoques peuvent atteindre la vitesse de 35 km/h !

autour des îles de la Madeleine, pour les phoques du Groenland et à capuchon. Ces derniers suivent en effet la formation du pack, cette banquise consolidée par le gel en hiver. Lors de la fonte des glaces, à la fin du printemps, ils remontent dans l'Arctique pour rejoindre leurs quartiers d'été.

Les phoques gris et communs sont les deux seules espèces à être observées dans l'estuaire et à fréquenter toute l'année les rivages où ils se reproduisent et effectuent leur mue. Le phoque gris se rencontre fréquemment en pleine mer et affectionne particulièrement les côtes rocheuses pour se reposer. Le phoque commun, au contraire, préfère séjourner dans les eaux peu profondes des anses et des baies et se prélasser sur les bancs de sable. C'est d'ailleurs la seule espèce de phoque à remonter parfois les fleuves et les rivières. Il est ainsi observé dans le fjord du Saguenay jusque dans la baie des Ha ! Ha ! au niveau de la ville de La Baie.

La côte rocheuse îles et îlots

Le Saint-Laurent ne souffre d'aucune monotonie dans sa topographie : ses eaux se confrontent à des milliers d'îles réparties tout au long de son cours et ses rivages plats alternent avec de multiples falaises dignes de ce nom ! En maints endroits, le vent vivifiant du grand large et le déferlement des embruns procurent la candide sensation de vivre sur une île sauvage perdue au milieu de l'Atlantique ! La côte nord et la pointe de la Gaspésie offrent la possibilité de vivre ces quelques instants, empreints d'un sentiment de liberté, à mi-chemin entre le rêve et la réalité. Le cap Gaspé dans le parc national Forillon, qui termine majestueusement le sentier international des Appalaches d'une longueur de mille kilomètres, fait partie de ces lieux magnétiques.

Au gré des vents

Les oiseaux de mer figurent parmi les plus beaux représentants d'une nature libre et sauvage. Leur mystérieuse vie pélagique[1], entre ciel et mer, paraît même les protéger des méfaits de l'homme… Chaque printemps, ils sont de retour du lointain océan pour envahir le temps de la reproduction, un bout de terre ferme ou un escarpement rocheux. Ils occupent généralement des zones peu accessibles à l'homme ou aux mammifères, à l'instar des parois rocheuses. Leurs rassemblements en grandes colonies sont source de clameurs étourdissantes et d'une intense activité. La famille des alcidés regroupe au Québec le guillemot marmette, le petit pingouin, le guillemot à miroir et le macareux moine. La vie à terre de ces oiseaux de petite taille est rythmée par leurs incessantes allées et venues entre le continent et l'océan, dictées par la nécessité de nourrir leur unique poussin (excepté pour le guillemot à miroir qui en élève deux).

Les falaises ne sont pas seulement le territoire printanier des oiseaux marins. Leurs concentrations attirent des prédateurs très spécialisés comme le faucon pèlerin (*Falco peregrinus anatum*). Ce petit rapace est le chasseur le plus rapide au monde : il atteint la vitesse en piqué de 300 km/h ! Sa distribution au Québec méridional est malheureusement très localisée :

[1] Ce terme s'applique aux oiseaux vivant en haute mer toute l'année, en dehors de la période de reproduction.

Le macareux moine ***Fratercula arctica*** est capable d'emmagasiner une dizaine de lançons dans son bec, qu'il pêche les uns après les autres. La survie de la plupart des oiseaux marins dans le Saint-Laurent dépend entièrement des effectifs de lançons et de capelans.
Le macareux moine se reproduit notamment dans l'archipel de Mingan, en petite quantité (environ 500 couples) : sur l'île aux Perroquets, l'île de la Maison et l'île à Calculot des Betchouanes.

Mouette tridactyle ***Rissa tridactyla*** avec ses poussins.
Les naturalistes ont coutume de dire que cette gracile mouette a le bout des ailes trempé dans l'encre : entièrement noir, il permet de la distinguer des autres membres de sa famille (les laridés). Elle niche en grande colonie et anime de ses cris caractéristiques les falaises du cap Bon-Ami, dans le parc national Forillon (plus de 10000 couples), et celles de l'île de Bonaventure. En automne, les immatures se rassemblent en nombre dans l'estuaire du Saint-Laurent.

au bord de l'extinction dans les années 70, il a fait l'objet d'un important programme de réintroduction après l'interdiction en 1972 du DDT au Canada (plus de 200 fauconneaux ont été relâchés, dont 29 entre 1988 et 1990 sur les falaises du parc national Forillon). Abondamment utilisé après la Seconde Guerre mondiale, ce puissant pesticide a été à l'origine de la chute des effectifs de tous les oiseaux de proie, situés au sommet des chaînes alimentaires. Le faucon pèlerin a ainsi été victime des effets désastreux de ce poison : œuf stérile, mort de l'embryon, empoisonnement des adultes ou encore amincissement de la coquille d'œuf au point de se briser sous le poids de l'adulte.

Les mille et une îles

Au vacarme des colonies de falaises s'oppose la discrétion de certaines espèces d'oiseaux de mer qui préfèrent nicher sur une île ou un îlot isolé. Le Saint-Laurent compte plus de 1 250 îles dont celles très sauvages de l'archipel de Mingan et de la Madeleine ou encore l'impressionnante île d'Anticosti et celle incontournable de Bonaventure. Sur chacune d'elles s'épanouissent des espèces remarquables telles que le cormoran à aigrettes, le bihoreau à couronne noire, le grand héron, le goéland à manteau noir, le fou de Bassan… Les rives plates sont occupées par le goéland à bec cerclé et la sterne pierregarin, qui forme de bruyantes colonies, ainsi que par une espèce de canard très coloré, l'eider à duvet. Ce dernier garnit abondamment de duvet son nid posé à terre. Les précieuses plumes, au pouvoir isolant particulièrement élevé, sont encore récoltées sur certaines îles pour la confection de vêtements et de sacs de couchage.

Les îles présentent plusieurs intérêts pour l'avifaune : leur éloignement de la côte assure une certaine tranquillité pour la reproduction (le dérangement humain est ainsi limité) et les oiseaux sont à proximité de leurs zones de pêche. Les îlots, quant à eux, ne comptent généralement aucun prédateur naturel, excepté la prédation occasionnelle exercée par d'autres oiseaux comme les goélands et les grands corbeaux. Plusieurs de ces conditions sont rassemblées sur l'île d'Anticosti pour permettre au pygargue à tête blanche (*Haliaeetus leucocephalus*) de nidifier en petit nombre. Protégé depuis 1972, ce magnifique aigle de mer a longtemps été victime lui aussi des répercussions du DDT et de ses métabolites[1] sur l'environnement, associées à une chasse abusive jusqu'au milieu du XXe siècle. La majestueuse silhouette de ce grand rapace se profile désormais au-dessus de l'estuaire, lors de ses passages migratoires dans le corridor du Saint-Laurent.

[1] Ce terme désigne les substances issues de sa décomposition.

➲ Le fou de Bassan *Morus bassanus*

Dès le début du printemps, le ciel s'illumine de grandes taches blanches dans le golfe du Saint-Laurent : les fous de Bassan sont de retour pour une nouvelle saison de nidification !

D'une fidélité exemplaire, ils occupent chaque année le même nid et attendent patiemment l'arrivée de leur partenaire avec qui ils se lient pour la vie.

L'exubérance d'une colonie d'oiseaux de mer donne lieu à un spectacle inoubliable. Les oiseaux se côtoient et se tolèrent sur la terre ferme dans un seul et même objectif : accomplir avec succès leur reproduction.

La belle aventure

L'île de Bonaventure, située à 3,5 km au large du village de Percé, est annuellement en proie à la frénésie printanière des oiseaux marins. Le sommet plat de ses falaises abruptes représente un territoire propice à l'établissement d'une colonie de fous de Bassan. Cette dernière exige toutefois la présence d'autres paramètres pour son installation définitive et sa pérennité : une orientation face aux vents dominants et une eau particulièrement poissonneuse.

L'île de Bonaventure rassemble toutes les conditions nécessaires à l'épanouissement d'une colonie, grâce notamment au courant de Gaspé. Ce courant de surface s'écoule vers le golfe en longeant la péninsule gaspésienne : il maintient à faible profondeur les sels nutritifs remontés en surface par les courants de fond. Les eaux enrichies de ce secteur assurent la prolifération du phytoplancton, du zooplancton et par conséquent, de poissons de surface comme le maquereau, le hareng et le capelan qui constituent la majeure partie du régime alimentaire du fou de Bassan.

Depuis la première estimation de la colonie en 1889 qui comptait alors 1 500 couples, les effectifs n'ont cessé d'augmenter pour atteindre 38 000 couples en 1999 ! L'île de Bonaventure héberge la deuxième plus grande colonie au monde de fous de Bassan, derrière celle de Bass-Rock, en Écosse, qui accueille plus de 60 000 couples. Cette île écossaise a d'ailleurs légué son nom à son principal hôte : le fou de Bassan (*Morus bassanus*).

Dans le golfe du Saint-Laurent, d'autres colonies moins imposantes se sont installées sur l'île d'Anticosti et sur le Rocher aux Oiseaux, dans les îles de la Madeleine. La colonie originelle ayant disparu au début du siècle sous les effets du braconnage, l'île aux Perroquets dans l'archipel de Mingan fait l'objet d'une expérience de recolonisation par l'effet de leurres. La station de recherche des îles Mingan tente d'attirer des adultes reproducteurs à l'aide d'une cinquantaine de fous de Bassan artificiels, accompagnée d'une diffusion de sons recréant l'environnement sonore d'une colonie. L'arrêt répété de plusieurs individus sur le site ne fournit pour le moment que quelques lueurs d'espoir de voir naître un jour une nouvelle colonie.

Le fou de Bassan est le plus grand oiseau de mer de l'Atlantique Nord : il pèse 3 kilos pour une envergure de 1,8 mètre ! Son plumage majoritairement blanc sert d'indice visuel entre individus. Repérés de loin, les fous s'attirent mutuellement vers les bancs de poissons. Le bout noir des ailes contraste avec le reste du plumage : la mélanine, responsable de cette pigmentation, ralentit l'usure des rémiges primaires et leur confère une plus grande rigidité.
Ce grand « voilier des airs » parcourt en effet de longues distances : jusqu'à 500 km de la colonie pour ramener de la nourriture à son poussin !

De la haute voltige !

Ce remarquable oiseau de mer s'illustre par ses plongeons vertigineux qu'il pratique lorsqu'il pêche : il peut s'élancer d'une hauteur de trente mètres et avoisiner 100 km/h à la surface de l'eau ! Ces spectaculaires « flèches blanches » ne passent pas inaperçues sur les bords de l'estuaire ! Une telle performance physique n'est rendue possible que par une morphologie adaptée : la poitrine et le cou du fou sont protégés par un système de sacs pneumatiques, sa vision binoculaire l'aide à estimer les distances et facilite le repérage des poissons en vol, sa tête est terminée par un bec fort et pointu évoquant un véritable poignard.

Consommé sous l'eau, le poisson est ensuite régurgité sous la stimulation de l'unique poussin qui enfonce son bec dans le gosier de l'adulte pour s'alimenter. Le poussin reste au nid pendant une période de trois mois. Une fois l'élevage achevé, les parents l'abandonnent et entreprennent leur migration vers leurs quartiers d'hiver, au large de la Floride et dans le golfe du Mexique. Les jeunes suivent le mouvement de leurs aînés et s'exercent dans les eaux chaudes à pêcher comme eux : comme des fous !

LE CYCLE BIOLOGIQUE DU FOU DE BASSAN SUR L'ÎLE DE BONAVENTURE

• Début avril
Arrivées sur la colonie et parades nuptiales.
• Début mai
Ponte de l'unique œuf.
• Mi-juin
Éclosion après 43 jours d'incubation.
• Mi-septembre
Envol du poussin.
Les trois quarts des jeunes parviennent à l'envol.
• Mi-octobre
Le site est déserté par l'ensemble de la colonie.

Les immatures regagnent leur colonie de naissance vers l'âge de deux ans (le taux de mortalité atteint 60 % la première année). Ils n'acquièrent cependant pas leur maturité sexuelle avant l'âge de 5-6 ans.

La vie en colonie implique des règles et des codes qui s'expriment chez le fou de Bassan par des comportements ritualisés. Ces derniers assurent la cohésion de la colonie, la reconnaissance du partenaire et évitent tout mouvement brusque qui pourrait être fatal pour l'œuf ou le poussin. Malgré les apparences, les fous sont peu sociables et s'avèrent très agressifs envers leurs congénères. Chaque couple défend ardemment son maigre territoire dont les limites sont souvent à portée de coups de bec ! Attitudes et cris se mêlent pour former une cacophonie étourdissante : ce vacarme n'est toutefois pas dépourvu de significations. En prêtant attention, l'observateur pourra remarquer un certain nombre de comportements répétés et exprimés dans divers contextes, à l'instar de la situation où les deux adultes se frottent bec contre bec : cette attitude, appelée « jeu d'escrime », vise à renforcer les liens entre les partenaires.

L'IDENTIFICATION DU PARTENAIRE (CI-CONTRE, EN HAUT)
Les adultes se relaient pour la couvaison et la pêche. Afin d'éviter toute agression par les voisins ou son propre partenaire, l'arrivée d'un des adultes au nid s'accompagne de comportements adéquats : l'oiseau au sol braque son bec vers le ciel, en signe d'accueil, puis présente sa nuque afin de manifester une attitude opposée à celle de la menace.

LE TOILETTAGE MUTUEL (CI-CONTRE, EN BAS)
Ce comportement se manifeste régulièrement pendant la parade nuptiale et l'élevage du poussin. Il permet de maintenir et de renforcer les liens entre les adultes, fidèles d'une année sur l'autre à leur partenaire et à l'emplacement du nid.

Tous ces immatures au plumage tâché de brun et de noir se rassemblent sous forme de « clubs », en périphérie de colonie, d'où ils observent les comportements et les rituels des adultes.

GUIDE PRATIQUE

Pic mineur

• Préambule 94

➲ Organiser son voyage au Québec 96

• À partir de la France 96
• Au Québec 97

➲ Comment découvrir la nature au Québec ? 99

• Les parcs et réserves au Québec 99
– Parcs provinciaux et nationaux
– Les réserves fauniques et autres statuts
• Parcourir un parc au Québec 102
– Le choix de la pédagogie
– Les centres d'interprétation
– S'orienter dans un parc
– Les entrées de parcs

• Librairies naturalistes 104
– En France
– Au Québec
• Le vrac des infos pratiques 106
– Choisir la bonne saison
– Les affreux insectes piqueurs !
– La chasse au Québec
– La gastronomie traditionnelle québécoise
• Les bonnes infos sur Internet 110

➲ Où observer la faune et la flore ? 111

• La réserve nationale de faune du Cap Tourmente 111
• Où observer des ours noirs ? 114
• Où voir et entendre des loups ? 116
• Où observer des caribous ? 118
• Les meilleurs endroits pour l'orignal 120
• Où observer des castors ? 122
• Où observer des phoques ? 123
• Quelques bons sites pour les oiseaux de mer et des marais 124
• Où et comment observer des baleines ? 127

➲ Lexique naturel 132

➲ Bibliographie 136

PRÉAMBULE

« 17h30. Je me rends vers un petit lac où j'espère observer un orignal. Durant l'après-midi, j'ai repéré sur la piste, à proximité du plan d'eau, de nombreuses empreintes fraîches dont la taille laissait présager celle de l'animal... Il n'y a pas la moindre brise : la surface vitrifiée du lac se fait l'écho de la forêt mixte. Les reflets des silhouettes longilignes des épinettes, noyés dans une palette flamboyante de couleurs automnales, me procurent la sensation surréaliste d'être au sein d'une véritable aquarelle.

Le seul indice de vie prend la forme d'un sillon, créé par le passage d'un groupe de garrots à œil d'or au milieu du lac, qui se propage en ondées éphémères. Le ciel s'obscurcit et transforme doucement la forêt en formes fantomatiques. Soudain, mon cœur s'étreint : des sons plaintifs aux accents lugubres déchirent la nuit ; des plongeons huards se livrent à de surprenantes joutes vocales. Pendant une fraction de secondes, on pourrait croire à des hurlements de loups ! Avec la nuit, ces étranges vocalises me rappellent que toutes les rencontres sont possibles : celle de l'ours noir ou encore du loup gris... Un rapace nocturne survole silencieusement les abords de ce lac devenu cristallin. La nuit tombante annonce un nouvel échec ; l'orignal n'aura pas été au rendez-vous. J'endosse mon sac à dos et entreprend le chemin inverse d'une distance de deux kilomètres avant que la pleine obscurité ne me rattrape. Sur le bord du chemin, un mouvement furtif attire mon attention : un tétras du canada mâle sort brusquement des fourrés et s'avance inconsciemment vers moi ! Dressé sur une pierre, il gonfle ses plumes, vrombit des ailes et gonfle sa caroncule rouge ; je suis incontestablement sur son territoire. Durant cinq minutes, je fais l'objet d'une étonnante et frénétique démonstration ! Déconcerté sans nulle doute par mon absence de réaction, il finit par s'envoler bruyamment vers la cime des arbres. Quel ravissement pour le naturaliste mais quelle proie facile pour ses prédateurs !

Cette fois, la nuit est tombée et je termine d'un pas rapide, guidé par la lumière douce de la lune, ce sentier qui me ramène à ma voiture. L'atmosphère est devenue magnétisante : le silence pesant de la forêt laisse imaginer la présence de grands prédateurs. Il est préférable de ne pas surprendre un ours durant la nuit, de surcroît à pied... Il me reste à parcourir en

voiture dix kilomètres de pistes forestières avant de rejoindre la première route goudronnée. Sur le parcours, les phares éclairent un porc-épic qui se risque sur la terre ferme la nuit venue. Sans m'arrêter, mon regard s'attarde sur ce gros rongeur dix fois plus lourd que notre hérisson européen ; l'esprit revenu à la route, mon pied enfonce le frein au maximum : un orignal se tient au beau milieu du chemin ! J'ai bien failli percuter cet immense mammifère qui s'avère être une femelle quelque peu stoïque. Situé à deux mètres seulement de l'animal, je me sens comme une fourmi face au plus grand cervidé du monde. Le moteur une fois coupé, je vois un jeune sortir de la bordure. Les deux animaux m'observent et je peux apercevoir leurs narines s'ouvrir béatement pour tenter de capter quelques effluves qui leur permettraient d'identifier l'inconnu. Peu effarouchés par le véhicule, ils traversent tranquillement la piste et s'enfoncent dans la forêt… Une fois encore, la soirée aura été pleine de surprises et de sensations. »

Le Québec appartient à ces rares pays où il est encore possible de vivre librement et intimement une nature sauvage où subsistent des grands mammifères. Même s'il est plus fréquent d'observer leurs traces que les animaux eux-mêmes, leur présence accentue l'effet magnétique de l'immense forêt boréale. En toutes saisons, cette destination recèle de « trésors naturels » et ne cessera jamais de vous séduire et de vous étonner.

Ce guide pratique, basé sur une grande expérience de terrain, a pour objectif de vous aider à découvrir la faune et la flore du Québec méridional ainsi que ses plus beaux sites naturels. Il peut vous permettre de réaliser de belles observations en vous rendant dans les régions les plus favorables. Compte tenu de l'éloignement entre les zones protégées, il s'avère souvent nécessaire de faire des choix sur les sites à explorer afin de profiter pleinement de ceux visités. Le Québec est un pays qui nécessite du temps et de la patience mais qui provoque l'irrésistible envie d'y revenir chaque année !

➲ ORGANISER SON VOYAGE AU QUÉBEC

Le Québec est une destination où voyager est synonyme de simplicité, quelle que soit la saison : les hébergements ne manquent pas et les réserves sont toujours faciles d'accès (hormis bien entendu pour le Grand Nord). La seule difficulté réside dans le choix des régions à visiter : compte tenu des distances et de la richesse naturelle de chaque site, il est impossible d'un point de vue naturaliste de parcourir par exemple la Gaspésie et la côte Nord en deux semaines. Le Québec offre la possibilité d'expérimenter un grand nombre de circuits. En fonction de ses propres objectifs et de ses priorités, il est indispensable de bien se documenter avant de partir, ne serait-ce que pour calculer ses temps de trajets.

Les informations qui suivent vous permettront d'obtenir tous les renseignements nécessaires à une bonne préparation : les offices de tourisme québécois fournissent gratuitement une abondante documentation sur toutes les régions et tous les thèmes, dont les parcs et les réserves naturelles. Pour un séjour estival, il est préférable de réserver les hébergements de son choix à partir de la France, même s'il s'agit de campings.

Anse-de-Roche

À PARTIR DE LA FRANCE

• SERVICE D'INFORMATION DE TOURISME QUÉBEC

Pour tout renseignement ou demande de documentation touristique, n'hésitez pas à appeler ce service en composant ce numéro vert (appel gratuit à partir de la France, sans autre indicatif) : 0 800 90 77 77 (7 jours sur 7, de 15 h à 23 h, heure française, soit entre 9 h et 17 h, heure québécoise). Vous aurez alors la chance d'apprécier avant votre voyage le charme de l'accent québécois !

Ou écrivez à cette adresse en France, en précisant votre demande de documentation :

Tourisme Québec
Mercure Prest Service
Boîte Postale 90
67162 Wissembourg CEDEX.

• *Bon à savoir* : chacune des 19 régions touristiques du Québec fait l'objet d'une petite brochure remarquablement conçue détaillant les communes, les activités, les sites à visiter, les hébergements… le tout accompagné de cartes utiles et joliment illustrées. Brochures gratuites sur demande.

• TÉLÉPHONER

N'oubliez pas qu'il existe un décalage horaire de – 6 heures par rapport à la France !

De la France vers le Canada : rajoutez (+ 00 + 1) en début d'appel puis l'indicatif de la ville (514 pour Montréal et 418 pour Québec) et enfin le numéro de votre correspondant au Québec.

Du Canada vers la France : (+ 011 + 33) puis le numéro de votre correspondant en France sans le premier 0.

AU QUÉBEC

• LES OFFICES DE TOURISME

Les points informations sont nombreux au Québec : la documentation y est abondante et de qualité. N'hésitez pas à solliciter les personnes en charge de ces structures car elles y associent accueil chaleureux et compétence.

À Montréal
Centre Infotouriste
1001, rue du square Dorchester
(à l'angle des rues Peel et Sainte-Catherine)
Ouvert 7 jours sur 7, toute l'année
Tél. sans frais : 1-800-363-7777

À Québec
Maison du Tourisme de Québec
12, rue Sainte-Anne
(face au château Frontenac)
Ouvert 7 jours sur 7, toute l'année
Tél. sans frais : 1-800-363-7777

AVERTISSEMENT
Tous les numéros de téléphone, les adresses et les horaires mentionnés dans ce guide sont susceptibles d'être modifiés dans les années à venir. De plus, les prix des entrées de réserves et des prestations diverses, mentionnés à titre indicatif, pourront évoluer suivant le cours de la vie québécoise.

• SE DÉPLACER

EN VOITURE

Il est quasiment indispensable de louer un véhicule pour profiter pleinement du Québec et plus particulièrement des parcs. Ces derniers sont en effet sillonnés de multiples pistes (souvent des chemins de terre) praticables en voiture. Les transports en commun sont par contre peu présents dans ces secteurs. Les réserves fauniques, encore plus sauvages, peuvent aussi être explorées grâce aux pistes forestières : il faut toutefois y circuler avec beaucoup de prudence car les routes étroites sont fréquentées par les camions des industries du bois (ce sont d'ailleurs ces dernières qui construisent et entretiennent les réseaux de chemins carrossables).

Le prix de location est presque équivalent à celui pratiqué en France : comptez environ 1 500 F pour une semaine de location, assurances comprises. Le prix de l'essence défie par contre toute concurrence européenne : environ 3 F par litre pour le sans plomb !

• *Bon à savoir* : au-delà d'un séjour de 3 semaines, le système achat-revente d'un véhicule d'occasion s'avère plus économique. Il est toutefois conseillé d'acheter le véhicule auprès d'un garage habitué à ce genre de pratique. Au prix de la voiture, pensez à rajouter celui de l'assurance, du permis de conduire québécois et de l'immatriculation du véhicule (comptez une à deux journées pour remplir toutes ces formalités administratives).

LES TRAVERSIERS

Il est possible de traverser l'estuaire du Saint-Laurent en plusieurs endroits, tout au long de la journée et avec son véhicule :

* Saint-Siméon – Rivière-du-Loup (durée de traversée : 1 h 05)

Horaires et réservations : 418-862-5094 (Saint-Siméon) ou 418-638-2856 (Rivière-du-Loup)

* Les Escoumins – Trois-Pistoles (durée de traversée : 1 h 30)

Horaires et réservations : 418-233-4676 (Les Escoumins) ou 418-851-4676 (Trois-Pistoles)

* Baie-Comeau – Matane (durée de traversée : 2 h 20)

* Godbout – Matane (durée de traversée : 2 h 10)

Informations : 418-294-8593 (Baie-Comeau) ou 418-568-7575 (Godbout)

Réservations, quel que soit le lieu de départ : 418-562-2500

Pour ces traversées en bac, il faut compter pour un aller simple entre 9 et 12 $ par adulte et entre 25 et 30 $ pour une voiture.

* Tadoussac – Baie-Sainte-Catherine

Traversée gratuite (véhicules et passagers) de 10 minutes, tout au long de la journée et de l'année.

• Choisir ses hébergements

Les possibilités d'hébergement sont nombreuses et variées : hôtels, motels, chalets, auberges de jeunesse, campings… Les espaces protégés du Québec méridional sont toujours proches d'un village. Il est aussi possible de dormir à l'intérieur des parcs provinciaux et nationaux : le camping s'avère généralement être l'unique possibilité ou le meilleur choix. Les terrains de camping au Québec sont en effet formidablement aménagés et permettent de vivre pleinement la nature québécoise. Toujours très boisés, ils présentent des emplacements individuels qui procurent la sensation d'être seul au cœur de la forêt ou au bord d'un lac ! Les campings, régulièrement visités par les animaux sauvages, permettent souvent de faire de belles observations. Leurs sites sont soit aménagés, soit rustiques (entre 10 et 20 $ par nuit et par tente).

Bien qu'il baigne le visiteur dans une ambiance sauvage, le camping l'expose aussi aux attaques parfois exaspérantes des moustiques : pensez à bien vous protéger (voir rubrique « Les affreux insectes piqueurs ! », p. 108).

Attention : un bon nombre de campings ferment à partir de la mi-septembre, malgré une saison encore clémente qui se prête à ce style d'hébergement…

• *Bon à savoir* : un site Internet fournit toutes les informations possibles et imaginables autour de cette activité. Camping au Québec : www.campingquebec.com

Comment découvrir la nature au Québec ?

Les parcs et réserves au Québec

De prime abord, il n'est pas facile pour le promeneur de se retrouver dans la multitude de statuts qui concernent les terres publiques québécoises. Ces dernières couvrent d'ailleurs 92 % de la surface du territoire ! Il est donc possible de circuler librement à peu près partout dans le Québec à condition d'avoir bien pris connaissance, au préalable, des cadres juridiques concernant les multiples secteurs forestiers : certains sont orientés vers l'exploitation du bois, d'autres vers les activités de chasse et de pêche, quelques-uns sont aménagés pour la pratique d'activités de plein air ou encore visent une protection intégrale des milieux naturels…

• *Bon à savoir* : une petite brochure, claire et concise, permet de saisir toutes les subtilités des statuts et de comprendre la politique de gestion des espaces naturels du gouvernement québécois. *Le Guide de l'utilisateur des ressources du milieu forestier* est disponible gratuitement, sur demande à :

Fédération québécoise de la faune
6780, 1re Avenue, bureau 109
Charlesbourg GIH 2W8
Tél. : 418-626-6858
Internet : www.fqf.qc.ca

• LES PARCS PROVINCIAUX ET NATIONAUX

* Au Québec méridional, le réseau de « Parcs Québec » compte 18 parcs provinciaux sous la juridiction du gouvernement québécois.

Tous ces parcs n'ont toutefois pas été créés avec les mêmes objectifs de protection et de préservation. Plusieurs d'entre eux visent à développer l'aspect récréatif d'une zone sauvage (ski, voile, canot…). Les parcs entièrement consacrés à la préservation des milieux figurent sur les cartes routières sous le nom de Parc de conservation : c'est par exemple le cas du parc du Saguenay, de la Gaspésie, du Bic, des Grands-Jardins… Dans ces espaces protégés, la priorité touche la protection de la faune et de la flore : la chasse et l'exploitation forestière y sont d'ailleurs interdites tout au long de l'année. La pêche et les activités de plein air y sont par contre autorisées dans des secteurs précis.

La Société des établissements de plein air du Québec (SEPAQ) gère pour chaque parc les infrastructures, les services et toutes les activités proposées.

* Le réseau de « Parcs Canada », qui dépend du gouvernement canadien, compte quant à lui trois parcs nationaux au Québec méridional : le parc national Forillon, le parc national de la Mauricie et la réserve de parc national de l'archipel de Mingan. La chasse est interdite dans les parcs nationaux tout au long de l'année.

* Les deux gouvernements ont conjointement créé le parc marin du Saguenay-Saint-Laurent qui vise la protection des eaux marines de ce secteur.

• LES RÉSERVES FAUNIQUES ET AUTRES STATUTS

* Parallèlement à ces parcs, il existe un large réseau de réserves fauniques (21 au total) : ces espaces peu aménagés sont avant tout gérés en faveur des activités de chasse, de pêche et de plein air. Même s'il n'existe pas une protection intégrale de la faune et de la flore, l'exploitation forestière limitée permet de conserver des habitats de vaste étendue qui abritent une abondante vie sauvage. Le cadre est nettement différent de celui d'un parc de conservation. Avant de s'y aventurer, il est nécessaire de bien s'informer des périodes de chasse (voir « La chasse au Québec », p. 108).

Le ministère de l'Environnement québécois supervise ce réseau de réserves fauniques majoritairement géré, lui aussi, par la SEPAQ.

* Les huit Réserves nationales de faune, le long du Saint-Laurent, appartiennent au gouvernement canadien (Environnement Canada) et sont gérées par le Service canadien de la faune. La chasse et la pêche sont autorisées dans certaines d'entre elles, à l'instar de celle du Cap Tourmente.

* Les Zones d'exploitation contrôlée (ZEC) sont des territoires publics dont la gestion est confiée à des organismes à but non lucratif, composés de pêcheurs et de chasseurs. L'accès à l'une des 82 ZECS de la province est payant selon une tarification définie par l'association.

* Les pourvoiries désignent des terres publiques louées pour un bail de neuf ans à des particuliers ou des entreprises privées qui y développent une activité lucrative. Une clientèle privée peut bénéficier d'hébergements et de services liés à la pratique de la pêche et de la chasse. Il en existe deux catégories : les pourvoiries à droits exclusifs (territoire de chasse et de pêche d'une seule personne) et ceux à droits non exclusifs (le territoire est utilisé par plusieurs personnes). Sur 700 pourvoiries au Québec, 75 % d'entre elles sont sans droits exclusifs contre 25 % avec droits exclusifs.

PARCOURIR UN PARC AU QUÉBEC

• LE CHOIX DE LA PÉDAGOGIE : VERS UN AUTRE RAPPORT À LA NATURE

Le Québec est sans conteste une des références mondiales en matière de pédagogie et d'éducation à l'environnement. Pénétrer pour la première fois dans un parc québécois est toujours étonnant : la nature y est aménagée de façon à permettre au plus grand nombre de personnes de profiter pleinement de ses richesses. Les parcs sont sillonnés de chemins ponctués de balises portant le nom des sentiers et les distances à parcourir ; les portions difficiles de chemin ou d'ascension sont effacées par des escaliers ou des pontons en bois ; les belles vues sur le paysage s'accompagnent de grands belvédères ; les panneaux pédagogiques sur le milieu naturel ou sur une espèce animale ponctuent les balades en forêt ou le long d'une rivière… autant de détails qui facilitent la découverte et la compréhension de notre proche environnement.

Il est parfois possible de se balader tout en apprenant par soi-même grâce aux sentiers et aux guides d'auto-identification : à l'aide d'une petite brochure très explicite, le promeneur peut interpréter le paysage et le milieu qui l'entoure en s'arrêtant au cours de sa randonnée à différentes stations. Cette méthode est notamment proposée dans le parc des Grands-Jardins avec le sentier « Le Boréal » pour découvrir l'écosystème de la taïga et celui du « Mont du Lac-des-Cygnes » pour comprendre l'étagement montagnard de la végétation et le milieu de la toundra alpine.

Les guides naturalistes sont aussi très présents dans les parcs et répartis sur les différents sites d'observation. Ils proposent souvent un programme d'activités : sorties nature à thème ou alors participation à leurs « causeries », des petites conférences sur des sujets aussi variés que les méthodes qu'ils utilisent pour rendre actif le spectateur. En un mot, impossible de s'ennuyer dans un parc québécois !

Le visiteur est en quelque sorte canalisé mais aussi mieux informé et ce, sans manquer d'observer les espèces phares du Québec. Beaucoup de mammifères se sont habitués au passage fréquent de l'homme sur certains sentiers et se montrent beaucoup moins craintifs qu'en temps normal. L'absence de chasse contribue aussi énormément à la réduction du comportement de fuite chez les animaux. La proximité avec la faune s'avère parfois déroutante… et exaltante !

Enfin, pour tous ceux et toutes celles qui souhaitent s'immerger dans une nature sans passerelles en bois, panneaux pédagogiques et guides naturalistes… les réserves fauniques offrent une alternative de découverte de la nature québécoise dans un cadre plus sauvage.

• LES CENTRES D'INTERPRÉTATION

Ces structures présentes dans chaque parc sont au cœur du dispositif québécois de sensibilisation et d'information du public. Étape incontournable, le centre d'interprétation centralise les moyens matériels et humains d'un parc. Chaque centre est différemment structuré mais apporte toujours toutes les réponses aux questions et aux besoins des visiteurs : où camper, les meilleurs sites d'observation des animaux, les cartes de randonnées…

On y trouve parfois d'autres services comme la location de jumelles, la location de canot, une petite boutique nature avec des livres naturalistes… Les guides naturalistes sont souvent présents et à la disposition du public.

L'attrait principal de ces structures réside dans leurs expositions toujours remarquables sur le parc : son histoire, sa géologie, ses milieux naturels, sa faune, sa flore… Loin du simple affichage de panneaux, la plupart de ces centres multiplient les méthodes interactives entre l'exposition et le visiteur, comme dans celui du parc du Saguenay. À ne pas manquer !

• *Mon coup de cœur* : le Centre d'interprétation des mammifères marins (CIMM).

Situé à Tadoussac, le CIMM appartient au Groupe de recherche et d'éducation sur les mammifères marins (GREMM), une organisation à but non lucratif qui rassemble une équipe de chercheurs et de pédagogues. Certains de leurs naturalistes animent des points d'observation des baleines à partir de la côte (voir « Où et comment observer des baleines ? », p. 127). Ce centre offre une sympathique exposition interactive sur les cétacés ainsi que la projection d'un magnifique film sur les baleines du Saint-Laurent.

CIMM
108, rue de la Cale Sèche
Tadoussac G0T, 2A0
Tél. : 418-235-4701
Droit d'entrée : 5,50 $ par adulte.

• S'ORIENTER DANS UN PARC

Impossible de se perdre dans un parc québécois ! Tous les chemins de randonnée

Le CIMM

sont répertoriés et détaillés (la distance à parcourir, la durée de marche nécessaire, le degré de difficulté, les refuges ouverts…) dans une carte disponible au centre d'accueil ou au centre d'interprétation. Il est facile de s'orienter dans un parc en suivant les indications des nombreuses pancartes, bien intégrées dans la nature, et de se déplacer en empruntant les chemins forestiers carrossables puis les sentiers de marche. Les secteurs aménagés concernent les zones de préservation où les visiteurs doivent rester sur les chemins créés à cet effet ; d'autres secteurs appelés « zones de préservation extrême » ont pour vocation la protection intégrale du milieu : l'accès y est interdit sauf lors de sorties organisées par les guides naturalistes du parc.

Pour se rendre dans un parc ou une réserve faunique, il suffit d'utiliser une carte routière classique du Québec méridional (1 h 1 000 000) qui mentionne la majorité de ces zones.

• Les entrées de parcs

Il n'y a aucune règle concernant les droits d'entrée et les horaires d'ouverture/fermeture des parcs. Il est donc prudent de se renseigner auprès du centre d'accueil avant d'envisager de rester dans un parc. Certains sont d'accès gratuit et ouverts en permanence (comme le parc de la Gaspésie) alors que d'autres sont payants dans certains secteurs uniquement (parc Forillon) ou ferment pendant la nuit (parc des Grands-Jardins). Quelques endroits précis d'observation pratiquent aussi un tarif à la journée (Cap de Bon-Désir).

Ces informations sont mentionnées à titre indicatif dans le chapitre « Où observer la faune et la flore au Québec ? ».

Librairies naturalistes

Fait surprenant : il n'est pas si facile de se procurer des ouvrages sur la faune et la flore québécoises. Il existe pourtant beaucoup de livres sur ce sujet mais ils sont très peu diffusés (la plupart se commandent). Le lecteur retrouve généralement les mêmes publications dans les librairies classiques qui n'offrent que peu de choix. Un conseil :

si vous trouvez un livre qui vous intéresse, achetez-le immédiatement car vous n'êtes-pas certain de le retrouver ailleurs.

Les librairies qui suivent permettent de se procurer les ouvrages mentionnés dans la bibliographie de ce livre.

• *Bon à savoir* : la maison d'édition québécoise Broquet propose un large choix de guides naturalistes pouvant être commandés sur son site Internet :

www.broquet.qc.ca (E-mail : broquet@stjeannet.ca) ou par courrier à l'adresse : 151-A, boulevard de Mortagne, Boucherville J4B 6G4 (Tél. : 450-449-5531).

Le Service canadien de la faune dispose aussi d'un grand nombre de publications sur des sujets plus précis : sur Internet (www.ec.gc.ca) ou par courrier à l'adresse :

1141, route de l'Eglise, C.P 10 100
Sainte-Foy G1V 4h5
(Tél. : 418-648-7225).

• EN FRANCE

- Librairie du Québec

Un petit coin au sous-sol est réservé aux livres sur la nature. Quelques ouvrages intéressants diffusés uniquement au Québec s'y trouvent mais à un prix supérieur. Grande quantité de cartes routières et autres ouvrages liés à la Province.

30, rue Gay-Lussac
75005 Paris
Tél. : 01-43-54-49-02
Fax : 01-43-54-39-15
E-mail : liquebec@cybercable.fr
Du lundi au samedi, de 9 h 30 à 19 heures.
Le jeudi, de 9 h 30 à 21 heures.

• The Abbey Bookshop

La librairie canadienne

Librairie au cadre sympathique où il fait bon flâner parmi ses rayons. Les livres nature sont peu nombreux mais de qualité. Spécialisée dans la littérature anglophone.

29, rue de la Parcheminerie
75005 Paris
Tél. : 01-46-33-16-24
Fax : 01-46-33-03-33
Du lundi au samedi, de 10 heures à 19 heures.

• AU QUÉBEC

- Le Naturaliste

Un bon choix de livres et de guides nature. C'est aussi un magasin de matériel d'observation et d'équipements en sciences naturelles.

3085, chemin Sainte-Foy
G1X 1P9 Québec

Tél. : 418-653-2444
Fax : 418-653-2444
Du lundi au mercredi, de 8 h 30 à 17 h 30.
Les jeudi et vendredi, de 8 h 30 à 21 heures.
Le samedi, de 9 h 15 à 17 heures.

• Lire la Nature
Même type de magasin que le précédent. Situé sur la rive sud de Montréal.
1198, chemin de Chambly
J4J 3W6 Longueuil
Tél. : 450-463-5072
Fax : 450-463-3409
Du lundi au mercredi et le samedi, de 10 heures à 17 heures.
Les jeudi et vendredi, de 10 heures à 21 heures.
Le dimanche, de 12 heures à 17 heures.

LE VRAC DES INFOS PRATIQUES

• CHOISIR LA BONNE SAISON

Il existe véritablement deux Québec d'un point de vue climatologique : l'hiver et le reste de l'année ! Rien n'est comparable entre ces deux périodes ; la vie des habitants s'en trouve d'ailleurs radicalement modifiée. D'un point de vue naturaliste, l'hiver est une saison peu propice à l'observation de la nature. Les difficultés matérielles liées au climat sont nombreuses et les rares espèces animales qui affrontent le dur hiver ne sont pas très actives. Les beaux jours arrivent tardivement, vers la fin avril, au moment de la fonte des neiges et des glaces dans le Saint-Laurent. L'arrivée du printemps entraîne une explosion de vie avec le réveil des animaux, de la flore, le passage des migrateurs, le retour des oiseaux nicheurs et la préparation à la période de reproduction. Cette effervescence de vie se maintiendra pendant toute la période sans neige, de la mi-avril à la mi-novembre.

Ce petit calendrier décrit quelques caractéristiques naturalistes des trois saisons les plus intenses du Québec méridional.

LE PRINTEMPS (MAI – JUIN) :

* Mai-juin représentent une période de mise bas pour la majorité des mammifères : raton laveur, loup, coyote, porc-épic, castor, orignal, caribou…

* Les baleines arrivent dans l'estuaire du Saint-Laurent.

* Les fous de Bassan pondent sur l'île de Bonaventure début mai.

* Les oies des neiges s'arrêtent sur la réserve du Cap Tourmente jusqu'à fin mai lors de leur remontée vers l'Arctique.

arade nuptiale de tétras du Canada

* Les parulines, une grande famille de passereaux insectivores, arrivent dans le sud du Québec vers la mi-mai, accompagnées des colibris à gorge rubis.

* Le phoque commun met bas sur des rivages plats et le phoque gris mue sur des zones rocheuses.

* Le mois de juin est la meilleure époque pour observer l'ours noir qui s'alimente dans les vallées.

L'ÉTÉ (JUILLET – AOÛT) :

* Juillet correspond à la période de nourrissage des poussins, dont ceux des oiseaux de mer.

* C'est l'époque du rut (juin-juillet) pour l'ours noir.

* Le phoque commun mue.

* Les poussins prennent leur envol au mois d'août.

* Les oiseaux de mer désertent leur lieu de nidification vers la mi-août.

L'AUTOMNE (SEPTEMBRE – OCTOBRE) :

* Les mouvements migratoires des oiseaux battent leur plein début septembre : les parulines et les colibris quittent le Québec.

* Les rapaces passent régulièrement dans le corridor du Saint-Laurent à partir de la mi-septembre.

* La forêt arbore les couleurs de l'automne, avec un maximum de teintes fin septembre-début octobre.

* C'est la pleine période du rut pour l'orignal et le caribou.

* Mi-octobre correspond au pic de passage de la grande oie des neiges au Cap Tourmente. À la même date, les fous de Bassan désertent complètement la colonie de l'île de Bonaventure.

* L'ours regagne sa tanière fin octobre - début novembre.

* Les baleines quittent l'estuaire début novembre.

• Les affreux insectes piqueurs !

Le Québec est un pays de forêts et de lacs, les deux principaux ingrédients pour la reproduction des moustiques et autres diptères antipathiques ! Les éclosions des insectes piqueurs s'effectuent principalement aux mois de juillet et d'août : l'été est en effet généralement chaud et sec.

Parmi les attaquants, citons : le maringouin, d'une taille de 5 mm, actif à la tombée de la nuit (il produit un vrombissement aigu) ; le brûlot, inférieur à 3 mm, qui s'active au crépuscule et durant la nuit ; et la mouche noire, de 4 mm, qui sévit durant la journée.

Il est indispensable de prendre les précautions nécessaires pour limiter les désagréments. Il faut éviter au maximum les substances parfumées (déodorant, produit douche...) qui attirent les moustiques comme des aimants, porter des vêtements adéquats dès la tombée de la nuit (pantalon et manches longues) et s'asperger d'un bon spray anti-moustique. Il est préférable d'acheter au Québec les produits contre les moustiques car ils se révèlent très efficaces en étant adaptés à tous ces insectes : les marques « Muskol » et « Off ! Régions sauvages » sont disponibles dans les supermarchés et les pharmacies.

Lors d'affûts ou de sorties crépusculaires, il est fortement conseillé de s'équiper d'un chapeau-moustiquaire qui vous rendra alors la vie tellement meilleure !... Ce type de chapeau se trouve dans les magasins de sport, au rayon chasse, ou encore chez certains dépanneurs (petits magasins qui vendent des articles d'épicerie et de quincaillerie). Vous pourrez aussi vous en procurer dans la boutique nature du parc de la Gaspésie (au sous-sol du centre d'interprétation).

• La chasse au Québec

La chasse est une composante majeure de la culture environnementale des québécois. Elle tient d'ailleurs une place importante dans l'économie du pays. Excepté le caribou, tous les animaux sont chassés au Québec méridional : ours noir, loup, lynx, cerf de Virginie, raton laveur... Le tétras du Canada, la gélinotte huppée et le lièvre d'Amérique figurent parmi les principales proies de la chasse au petit gibier. Celle à l'orignal, qui débute généralement autour de la mi-septembre, témoigne d'un engouement et d'une frénésie populaire. Cet immense cervidé représente une masse de viande appréciable juste avant l'entrée en hiver et de surcroît un imposant trophée... La province québécoise est découpée en une vingtaine de zones où les dates de chasse diffèrent selon les espèces et les secteurs. Il est donc important de bien se renseigner avant de pénétrer sur un territoire autre que celui d'un parc (où la chasse est interdite toute l'année). Bien que la majorité des terres soit publique et d'accès libre, il est fortement recommandé de ne pas s'aventurer dans certains secteurs (comme les réserves fauniques) pendant la période de chasse au gros gibier.

À titre d'exemple, voici les différentes périodes de chasse dans la réserve faunique des Chics-Chocs : orignal (de début septembre à début octobre), ours noir (de mi-mai à fin juin), coyote (première semaine de novembre), gélinotte et tétras (les trois dernières semaines d'octobre).

• *Bon à savoir* : une petite brochure gratuite, éditée annuellement, fournit toutes les informations relatives à la pratique de la chasse au Québec (zones, périodes, règlements, prélèvements autorisés…). *La Chasse au Québec* est disponible dans les centres d'accueil des parcs, dans les offices de tourisme et chez certains dépanneurs.

• LA GASTRONOMIE TRADITIONNELLE QUÉBÉCOISE

Le Québec s'illustre par quelques plats et produits à savourer sans aucune hésitation !

– La tourtière est une spécialité de la région du Saguenay-Lac Saint-Jean : c'est un mélange de bœuf, de porc et de pommes de terre cuit dans une pâte.

– Le homard du golfe du Saint-Laurent et la morue de la baie des Chaleurs.

– Si jamais vous êtes fâché d'avoir eu la curiosité de manger une poutine (un mélange de boulettes de fromages et de frites, le tout nappé d'une sauce brune !), réconciliez-vous avec la cuisine québécoise en dégustant les irrésistibles crêpes au sirop d'érable.

BONNES ADRESSES

• Le Bateau
246, rue des Forgerons
Tadoussac GOT 2AO
Tél. : 418-235-4427
Fax : 418-235-4850

• Le Gîte du Mont-Albert
Route du Parc C.P 1150
Sainte-Anne-des-Monts G0E 2G0
Tél. : 418-763-2288
Fax : 418-763-7803

LES BONNES INFOS SUR INTERNET

• SITE TOURISTIQUE OFFICIEL DU GOUVERNEMENT DU QUÉBEC www.bonjour-quebec.com

Excellent site qui fournit une mine de renseignements en tous genres.

Vous y trouverez le détail de toutes les régions québécoises.

Il présente aussi de nombreux liens en rapport avec la découverte de la Province.

• MINISTÈRE DE L'ENVIRONNEMENT ET DE LA FAUNE DU QUÉBEC www.mef.gou.qc.ca

Du plan de gestion du caribou jusqu'aux données statistiques du piégeage, en passant par les communiqués de presse... pour tous ceux et celles qui veulent en apprendre davantage dans le domaine de l'environnement au Québec

• ENVIRONNEMENT CANADA SERVICE CANADIEN DE LA FAUNE www.ec.gc.ca

Le site du ministère de l'Environnement canadien. Très complet, dont des descriptions détaillées d'espèces à l'échelle du pays. Vous pourrez aussi tout connaître des conditions climatiques au Canada et les prévisions météorologiques région par région.

• MINISTÈRE DES RESSOURCES NATURELLES www.mrn.gouv.qc.ca

Pour absolument tout connaître des ressources naturelles au Québec : énergie, forêts, mines... Des informations générales sur le territoire et des fonds de cartes gratuits viennent compléter ce site.

• LES PARCS PROVINCIAUX www.sepaq.com

Site de la Société des établissements de plein air du Québec, qui gère les parcs provinciaux.

Pour tout connaître des parcs québécois (faune, flore, activités, infrastructures, plan d'accès...) et des réserves fauniques.

• LES PARCS NATIONAUX http ://parkscanada.pch.gc.ca

Site de Parcs Canada détaillant les parcs nationaux tels que celui de Forillon.

• GROUPE DE RECHERCHE SUR LES MAMMIFÈRES MARINS www.baleinesendirect.net

Un site à ne pas manquer pour tous les amoureux des cétacés et plus particulièrement de ceux rencontrés dans le Saint-Laurent. Créé et géré par le Groupe de recherche sur les mammifères marins, il fournit des informations sur les baleines présentes au jour le jour dans le Saint-Laurent, le suivi des individus recensés, les études menées par les biologistes... Un scientifique répond de plus à toutes vos questions !

Où observer la faune et la flore ?

Le Québec présente la particularité de posséder une faune et une flore abondantes sur l'ensemble du territoire, avec néanmoins des variations de densités de populations selon les régions et le degré de protection des milieux. Il est donc possible d'observer les animaux évoqués dans ce livre absolument partout… mais il s'avère franchement difficile de pénétrer à l'inconnu dans les forêts québécoises ! Quelques endroits, comme les parcs, offrent plus de chance de rencontrer les espèces phares du Québec, sans toutefois en assurer l'observation. Les zones protégées sont souvent de vastes territoires qui exigent du promeneur un réel désir d'exploration et un degré élevé de persévérance.

Les sites naturels détaillés dans ce chapitre ne constituent pas une liste exhaustive des innombrables lieux propices à l'observation. Reconnus pour leurs richesses faunistiques et floristiques et la forte probabilité de faire de belles rencontres, ils demeurent de simples propositions de découverte. Ils ne doivent pas se substituer à la curiosité indispensable à l'approche naturaliste d'une contrée. Les Québécois manifestent une vraie passion pour leur nature qu'ils ne demandent qu'à partager : très au fait des animaux qui les environnent, les gens du pays sauront vous conseiller dans votre envie de découverte et parfois vous indiquer des petits coins de paradis hors de tous sentiers battus…

La réserve nationale de faune du Cap Tourmente

Malgré sa petite superficie (2 230 hectares), cette réserve est devenue un haut lieu de l'ornithologie au Québec et bénéficie d'une réputation internationale, grâce aux passages migratoires de la grande oie des neiges. Il serait cependant réducteur d'associer uniquement l'image de cet oiseau à cette réserve constituée d'une incroyable diversité de milieux : marais salés, marécages, étangs, falaises, forêts, champs, friches…

Cap Tourmente présente tout au long de l'année de multiples intérêts pour le naturaliste. Les mammifères y sont bien représentés : ours noir, cerf de Virginie, rat musqué, raton laveur, porc-épic… Cette réserve incarne aussi le site de la première ferme en Amérique, construite par Samuel de Champlain en 1626. C'est une étape incontournable pour tous les amoureux des oiseaux qui peuvent y rester plusieurs jours sans s'ennuyer une seule minute !

COMMENT S'Y RENDRE ?

Cette réserve est située à 50 km de la ville de Québec sur la « 138 Est ». En sortant de la ville de Sainte-Anne-de-Beaupré, suivre l'indication de Cap Tourmente, à droite après un feu. La route menant à la réserve traverse la commune de Saint-Joachim.

Pic chevelu

LA PETITE FERME ET LE CENTRE D'INTERPRÉTATION

Ces deux secteurs constituent les trois quarts de la réserve dont l'accès est matérialisé par une barrière et un poste d'accueil. Un parking à côté de la petite ferme, située juste après l'entrée, donne accès à un réseau de chemins ; un deuxième parking termine la route qui mène à proximité du centre d'interprétation et à un autre réseau de sentiers.

Les environs de ce centre s'avèrent être un paradis pour les passereaux : viréos, parulines, bruants, moucherolles... s'observent en nombre, tout particulièrement au mois de mai. Quelques-uns de ces oiseaux s'illustrent par leur beauté comme le tangara écarlate, le cardinal à poitrine rose, le passerin indigo ou encore le gros-bec errant. Plusieurs mangeoires placées à côté du pavillon Léon-Provancher (petit magasin) et alimentées en permanence constituent une excellente occasion de se livrer à un exercice d'identification : mésanges, parulines, bruants... sont au rendez-vous ainsi que ponctuellement le geai bleu, la sittelle à poitrine blanche et la tourterelle triste. Les mangeoires spéciales à colibri remportent aussi un franc succès auprès des oiseaux-mouches.

La forêt avoisinante héberge des hôtes de prestige tels que le grand pic, la chouette rayée et l'épervier de Cooper… La falaise abrite quant à elle quelques couples nicheurs de faucons pèlerins, présents tout l'été.

Les environs marécageux de la Petite-Ferme offrent l'opportunité d'observer, entre autres, le canard branchu et le grand chevalier.

La grande ferme et le marais des Graves

Ces zones contiguës sont moins fréquentées par les visiteurs car légèrement éloignées du secteur principal de la réserve (décrit ci-dessus). Elles retiennent cependant toute l'attention de l'ornithologue qui peut y observer de belles espèces : le râle de Virginie, le butor d'Amérique, le bihoreau à couronne noire parmi la végétation aquatique ou encore le grèbe à bec bigarré sur le marais des Graves. Avec plus de chance, il est possible de voir les rares troglodyte des marais, petit butor et bruant à queue aiguë.

L'oie des neiges

D'avril à mai et de fin septembre à fin novembre, l'attrait principal de la réserve réside dans la concentration des grandes oies des neiges. Ces dernières se rassemblent dans un premier temps sur le marais salé pour s'alimenter de scirpes d'Amérique puis se disséminent dans tous les champs de la réserve, sous l'affluence des nouveaux arrivants. Le sentier « Le Bois-sent-bon » amène à un observatoire, équipé de longues-vues, placé devant le marais intertidal. À la mi-octobre, les oies sont observables dans les champs aux abords du chemin qui conduit au centre d'interprétation : elles s'envolent par milliers chaque soir pour regagner le marais littoral et y passer la nuit.

• *Bon à savoir* : en prêtant attention parmi les groupes de grandes oies des neiges, vous pourrez peut-être voir d'autres oies comme la petite oie des neiges et l'oie de Ross.

La commune de Saint-Joachim organise chaque année dans la première quinzaine d'octobre un festival de l'oie des neiges (artisanat, activités culturelles et spectacles…).

La chasse à l'oie est autorisée et gérée par les responsables de la réserve : des caches à chasseurs sont disposées tout le long du littoral ! De plus, la réserve du Cap Tourmente est entourée de pourvoiries spécialisées dans la chasse à l'oie des neiges.

• *Informations pratiques :*

Les animations (causeries, guidage) sont assurées de fin avril à fin octobre par des naturalistes du Service canadien de la faune.

La réserve est ouverte toute l'année, de 8h30 à 17 heures. Passé cette heure, la barrière du poste d'accueil est baissée et verrouillée : il est donc obligatoire de sortir les véhicules du secteur principal avant 17 heures. Après s'être garé derrière la barrière, il est tout à fait possible de revenir à pied et de parcourir l'ensemble de la réserve (le camping reste interdit). Pensez à la crème anti-moustique, surtout en fin de journée !

Prix d'entrée : 5 $ par jour et par adulte (gratuit pour les moins de 12 ans) avec la possibilité de sortir et de revenir dans la réserve au cours de la journée. Une carte détaillée de la réserve est remise à l'entrée. Laissez-passer annuel : 15 $ par adulte.

OÙ OBSERVER DES OURS NOIRS ?

La rencontre avec un ours noir est souvent imprévisible : si l'ours ne vous a pas repéré à temps, il détalera rapidement et bruyamment. Il est intéressant de pouvoir l'observer plus longuement ; l'affût s'annonce alors nécessaire. Pour ce faire, il convient en premier lieu de déceler ses zones de passage en prêtant attention à ses traces : excréments, griffures sur les troncs d'arbres, empreintes (plus rares)... L'ours est actif aussi bien au crépuscule qu'en pleine journée, avec des variations comportementales selon les individus et les régions. Cet animal possède une piètre vue mais un odorat et une ouïe redoutables : agissez en conséquence !

EN RANDONNÉE

Quelques secteurs sont particulièrement favorables pour l'observation de l'ours noir ; ils correspondent généralement à des zones fréquentées où l'ours s'est habitué à la présence de l'homme.

LA RÉSERVE NATIONALE DE FAUNE DU CAP TOURMENTE

Les observations sont fréquentes, même en pleine journée. L'ours se réfugie dans la forêt mais se montre aussi régulièrement dans les champs en lisière. Deux chemins de randonnée offrent de réelles chances de le rencontrer :

– près de la Petite-Ferme : sentier « La Prucheraie » (5 km) ;

– dans les environs du centre d'interprétation : sentier « Le Pierrier » (3,8 km).

Les ours utilisent souvent les chemins

de randonnée pour se déplacer ; vous devriez donc voir des fèces (prenant parfois l'aspect de larges galettes plates) qui vous signaleront un passage récent ou non d'un de ces animaux. Les ours empruntent aussi régulièrement la voie de chemin de fer qui traverse la réserve !

• *Accès* : voir la rubrique sur cette réserve.

LE PARC NATIONAL FORILLON

C'est indéniablement le meilleur endroit du Québec méridional pour voir l'ours noir. Le sentier « Le Portage », qui traverse le parc du nord au sud, est un rendez-vous à ne pas manquer : sa partie nord est la plus favorable car elle présente une vallée ouverte avec des champs en friche (la vue porte donc assez loin). Il est préférable de venir au lever du jour et à la tombée de la nuit (trajet d'environ 9 km aller-retour). Le mois de juin est une période où les chances de rencontres sont les plus élevées.

• *Accès* : suivre la route « 132 Est » jusqu'au village de l'Anse-au-Griffon (pointe de Gaspésie). En provenance de Sainte Anne-des-Monts, prendre le chemin (avant le pont et sur la droite) qui aboutit à un petit parking : c'est le lieu de départ du sentier « Le Portage » dans sa partie nord.

EN SORTIE ORGANISÉE

Si vous n'avez eu ni le temps de randonner dans ces secteurs, ni la chance d'y avoir vu un ours, il vous reste alors la solution de l'affût sur un terrain privé organisé sous forme de « safari visuel ».

La famille Tremblay propose de participer à une soirée d'observation dans un affût rustique construit par leurs soins et sur leur propriété de 400 hectares. Fier de ses sept années d'expérience, Christian saura vous conter avec humour la vie et les mœurs des espèces emblématiques de la forêt québécoise tout en attendant la venue quotidienne des ours, entièrement sauvages, sur un lieu d'alimentation : grâce à de petites

Affût à l'ours

friandises et quelques pommes, la fréquentation du site par ces gourmands atteint 94 % de taux de réussite !

Le cadre sauvage de l'emplacement de l'affût (au bord d'un ancien barrage de castors) s'ajoute à la qualité des observations : les ours sont visibles pendant plusieurs dizaines de minutes, avec parfois plusieurs individus en même temps (les ours sont souvent différents d'une soirée à l'autre).

• *Accès* : sortir de Tadoussac sur la « 138 Est », puis à environ 5 km de distance prendre la direction de Sacré-Cœur à gauche sur la « 172 ». « Le domaine de nos Ancêtres » se trouve sur la gauche, en bord de route, quelques kilomètres après la bifurcation. Une statue d'ours et un panneau « musée » signalent le lieu de rendez-vous.

Traces de loup

• *Informations pratiques* :

Les photos sont possibles avec un bon flash et en utilisant une pellicule d'une sensibilité minimum de 800 ISO. Prévoyez votre spray anti-moustique et un bon pull car l'affût n'est pas cloisonné (ce qui permet d'entendre tous les bruits de la forêt).

Activité de 2 heures proposée de mi-mai à mi-octobre, avec un départ unique vers 17 heures. L'accès au site s'effectue en vieille camionnette jaune d'écoliers, entièrement décorée par les appréciations écrites de tous les observateurs enchantés par cette sortie !

Tarif : 23 $/ adulte, taxes incluses. Il est nécessaire de réserver sa place par téléphone.

Safari visuel à l'ours noir
Domaine de nos Ancêtres
285, route 172
Sacré-Cœur
Tél. : 418-236-4886 ou 418-236-9382
Internet :
www.ihcn.qc.ca/ours/safari.html

Où voir et entendre des loups ?

Le loup est un animal fantomatique : peu de Québécois ont eu la chance de croiser du regard ce fascinant canidé. Il est donc peu plausible de rencontrer un loup sur un court séjour. Mais la probabilité de les entendre est plus importante d'autant plus que leurs hurlements portent loin ! Le loup ne s'observe ou ne s'entend qu'à partir de la rive nord du Saint-Laurent (il est par exemple totalement absent de la région de Gaspésie).

Le parc de la Jacques-Cartier

Un sortie sur le thème « L'appel nocturne des loups » est organisée par les naturalistes de ce parc, dans un secteur habituellement interdit au public. À la tombée de la nuit, ces derniers imitent leurs cris qui déclenchent, une fois sur deux, une réponse de la meute de loups présente sur le territoire du parc.

• *Accès* : la première entrée dans le parc, dans le secteur de la Vallée, se situe à 30 km au nord de la ville de Québec : il suffit de suivre la « 175 Nord ». Une fois dans le parc, la route goudronnée conduit au centre d'interprétation.

• *Informations pratiques* :

Sorties proposées de la mi-juillet à la mi-août, à la tombée de la nuit.

Tarif : 20 $/ adulte sans les taxes (12,50 $ pour les moins de 14 ans). Réservations et informations au centre d'interprétation ou en téléphonant au 418-848-5099 ou 418-848-3169.

Le parc des Grands-Jardins

Une sortie de cinq heures, encadrée par un naturaliste spécialisé, est organisée pour visiter d'anciennes tanières de loups et tout connaître des mœurs de cet animal. Une petite meute reste toutefois bien vivante dans ce parc.

• *Accès* : suivre la « 138 Est » jusqu'à Baie-Saint-Paul, puis emprunter la « 381 Nord » via Saint-Urbain.

• *Informations pratiques* :

Le premier poste d'accueil Thomas-Fortin, situé au bord de la « 381 », vous fournira des renseignements sur cette activité et une carte du parc. Les inscriptions et le rendez-vous ont lieu au centre d'accueil Château-Baumont (où les naturalistes sont présents) placé à l'intérieur du parc (à 45 minutes en voiture du premier centre).

Tarif : 16 $/ personne sans les taxes.

Renseignements par téléphone : 418-846-2057 (Centre Château-Beaumont) ou 418-457-3945 (Centre Thomas-Fortin).

Le Domaine de nos Ancêtres

Depuis 1998, une louve est régulièrement observée sur le même site que celui des ours noirs. Avec de la chance, vous ferez partie du cercle restreint de « veinards » à l'avoir observée, parfois en compagnie des ours. Les scènes d'interaction loup/ours sont d'ailleurs extraordinaires !

L'affût permet de se plonger dans l'ambiance sonore de la forêt et d'apprécier le soudain silence des animaux (canards, oiseaux, écureuils, ours...) lorsque le loup traîne dans les parages et approche timidement du site d'alimentation. Frissons garantis !

• *Accès et informations pratiques* : voir la partie « En sortie organisée » dans la rubrique « Où voir des ours noirs ? », p. 115.

Où observer des caribous ?

Les caribous du Québec méridional sont cantonnés à quelques secteurs et forment deux populations distinctes : les caribous de Charlevoix et ceux de Gaspésie. L'automne et l'hiver sont les meilleures saisons pour les observer car ils se rassemblent pour former parfois de grands troupeaux. Ils se dispersent ensuite au printemps lors de la mise bas et restent isolés en petits groupes pendant l'été.

Le parc des Grands-Jardins (caribou de Charlevoix)

Il est quelque peu difficile d'apercevoir pendant la saison estivale les caribous de ce parc (d'une superficie de 310 km^2). À cette époque, les caribous se déplacent en petites formations d'environ cinq individus et rayonnent sur un territoire de 40 km autour du parc. Entre la mi-septembre et la mi-mai, ces cervidés se regroupent par contre en groupe réunissant jusqu'à soixante quinze individus, soit plus de la moitié de la population de Charlevoix !

Mais le mot « impossible » n'étant ni français ni québécois, persévérez dans votre exploration ! Demandez surtout conseil auprès des naturalistes du centre d'accueil Château-Beaumont qui seront ravis de vous aider.

Pendant l'été, quelques caribous se cantonnent dans les environs du lac Malbaie : pour y accéder, poursuivre le chemin carrossable « 60 Ouest » qui traverse tout le parc d'est en ouest. Prêtez attention aux abords du chemin, surtout lorsqu'il s'agit de zones de forêt en régénération.

• *Accès et informations pratiques* : voir la rubrique « Où voir et entendre des loups ? », p. 116.

Le parc de la Gaspésie

Les chances de voir des caribous sont plus importantes dans ce parc mais il est indispensable de bénéficier de conditions météorologiques clémentes pour envisager les ascensions des sommets.

• *Accès* : suivre la « 132 Est » jusqu'à Sainte-Anne-des-Monts puis la « 299 Sud » en direction de New Richmond. Le centre d'interprétation, les campings et le gîte du Mont-Albert se situent à 39 km de Sainte-Anne-des-Monts. Un bus assure quotidiennement la liaison entre cette ville et le centre d'interprétation du parc de la Gaspésie, de juin à août (renseignements : 1-800-463-2210).

Le mont Jacques-Cartier : randonnée facile qui nécessite 1 h 30 à 2 h de montée.

• *Accès* : le départ de l'ascension a lieu au camping La Galène, à 42 km du centre d'interprétation (sur une route de graviers). Prévoir 45 minutes de trajet en voiture. Une ligne de bus est aussi assurée du centre d'interprétation jusqu'au début du sentier du mont Jacques-Cartier (départ unique tous les jours de juin à septembre ; renseignements et billets à la boutique du centre d'interprétation Tél. : 418-763-7811 ou 418-763-9020).

• *Bon à savoir* : avant de rejoindre la tour d'observation au sommet, patientez au niveau de la borne du dernier kilomètre, juste au-dessus du lac à René, car les caribous traversent fréquemment cette zone de passage.

• *Important* :

Le sentier qui mène au sommet n'est ouvert que de 10 h à 16 h, de fin juin à fin septembre (pour limiter le dérangement des caribous). Une navette, non obligatoire, effectue le trajet (4 km) entre le stationnement du camping La Galène et le début du sentier : départs (entre 10 h et 12 h) et retours (entre 14 h et 16 h) organisés toutes les 30 minutes. Prix aller-retour : 5 $/ adulte.

Le mont Albert : très belle randonnée qui nécessite une bonne condition physique ; 3 h 30 à 4 de marche sont nécessaires pour accéder au secteur « Les Rabougris » où se trouve un petit chalet (6 km de montée). Il faut ensuite parcourir le sentier qui traverse le plateau sur une distance d'au moins un kilomètre pour tenter de voir les caribous.

• *Accès* : le lieu de départ du sentier du mont Albert se situe face au centre d'interprétation (à côté du camping de la Rivière). Sentier ouvert de la mi-mai à fin octobre, sans condition d'horaires.

• *Informations pratiques* :

Sur chacun des deux sommets, des naturalistes sont présents pour répondre à toutes les questions et organisent des causeries, d'une heure environ, autour du milieu naturel : à 12 h et 13 h 30 tous les jours, de juin à début septembre (uniquement le week-end courant septembre et octobre).

Même lors d'une journée ensoleillée, le sommet est en proie au vent glacial : pensez à apporter une veste chaude, des gants, une écharpe et un bonnet qui seront utiles une fois au sommet, ainsi qu'un maillot de corps de rechange car celui que vous porterez sera inévitablement trempé. Il est possible de se changer et de manger dans le chalet ou la tour d'observation. N'oubliez pas d'emporter une réserve d'eau et de vous hydrater régulièrement sans attendre d'avoir soif.

Deux fois par semaine, les caribous de Gaspésie font l'objet d'une remarquable causerie (accompagnée de vidéos et d'une projection diapos) proposée au centre d'interprétation vers 20 heures.

LES MEILLEURS ENDROITS POUR L'ORIGNAL

LE PARC DE LA GASPÉSIE

Ce parc possède une des plus fortes densités d'orignaux en Amérique du Nord : deux individus au km^2 ! Avec un minimum de persévérance, vous devriez pouvoir contempler cet animal. Les affûts matinaux et crépusculaires (1 h 30 à 2 h après le lever du jour ou avant la tombée de la nuit) sont les meilleurs moments.

– LE LAC PAUL, très réputé, est équipé d'une petite tour d'observation. Des guides naturalistes sont présents sur ce site pendant l'été et l'automne ; ils proposent aussi une grande sortie pendant la journée sur le thème de l'orignal (renseignements et inscriptions au centre d'interprétation Tél. : 418-763-7811 ou 418-763-9020).

• *Accès* : la voiture est indispensable car il faut s'enfoncer assez loin dans le parc. Sortir de la route 299 au niveau du secteur « L'Oasis » : suivre la piste 113, puis la 11 jusqu'au lac Paul (environ 25 km de pistes à partir de la route 299).

– LE LAC CASCAPÉDIA est également un bon secteur : la queue du lac dans les environs du camping, longeant le sentier en direction du lac Gouache, représente une petite zone humide fort appréciée des orignaux.

• *Accès* : même chemin que pour le lac Paul.

– UNE PETITE ZONE DE RÉGÉNÉRATION, peu connue, offre un lieu d'alimentation idéal pour l'orignal (plusieurs individus s'y montrent parfois en même temps, surtout en période de rut). De plus, ce secteur est moins fréquenté par les visiteurs. Prévoir une paire de jumelles ou, si possible, une longue-vue.

• *Accès* : prendre la direction du mont Jacques-Cartier ; quitter la route 299 pour suivre la piste 16 jusqu'à l'embranchement avec la 160 ; continuer sur la 16 sur une distance de 2 à 3 kilomètres seulement : un petit emplacement sur la droite pour se garer signale le secteur. Il y a aussi un petit panneau fournissant des informations sur l'orignal. Ce parking surplombant la vallée constitue un point d'observation parfait.

– LA RÉSERVE FAUNIQUE DE MATANE

Cette réserve contiguë au parc de la Gaspésie offre, dans un cadre très sauvage et malgré la pression de chasse, encore plus de chances d'observer un orignal. Les sources salines, les lacs de la Tête, Lebreux, Duvivier et de l'Étang à la Truite sont les meilleurs endroits pour rencontrer cet animal. Quelques tours d'observation sont érigées autour du lac de la Tête et dans le secteur des vasières.

• *Accès* : le poste d'accueil John se situe à 40 km au sud-est de la ville de Matane. À partir de cette ville, suivre la « 195 Sud » jusqu'au village de Rivière-Matane puis emprunter le « Chemin de la rivière » (l'entrée de la réserve est indiquée).

• *Informations pratiques* :

La réserve ne présente aucun danger pour les randonneurs pendant les mois de juillet et août (période sans chasse). Le terrain de camping situé près de l'Étang à la Truite est formidablement placé pour l'observation d'orignaux.

Pour toutes informations, rendez-vous au bureau administratif de la réserve de Matane, 257 avenue Saint-Jérôme, Matane, G4W 3A7, ou téléphonez au 418-562-3700 (Fax : 418-562-4832). Procurez-vous une carte précise de la réserve (disponible au poste d'accueil).

Où observer des castors ?

Le castor est un animal commun au Québec mais aussi très discret. Il est plus facile de voir le fruit de son travail (barrages, huttes, arbres coupés…) que l'architecte lui-même !

Certains de ces protagonistes ne manifestent toutefois aucune crainte à l'égard de l'homme et se laissent facilement observer (les castors sortent de leur hutte 1 h 30 environ avant la tombée de la nuit).

Ces bâtisseurs abandonnent et changent régulièrement de sites en fonction de la pression de facteurs extérieurs : inondations, sécheresses, prédations, dérangements…

Si vous repérez un étang à castors, assurez-vous qu'il soit toujours entretenu avant d'envisager un affût : copeaux frais au bord des souches rongées, hutte sans herbe sur son dôme, barrages colmatés…

Le parc national Forillon

Cet étang à castors, étonnamment placé, connaît un franc succès auprès de tous les visiteurs du parc : il faut reconnaître que les castors contribuent à la notoriété du site ! En effet, ils y sont peu farouches et vaquent à leurs occupations dans l'indifférence la plus totale. Spectacle garanti (ou presque), en se tenant juste sur le bord de la route ! Les barrages et les zones d'alimentation sont visibles des deux côtés du pont.

• *Accès* : le site se situe au bord de la route 132 (sur la portion qui traverse le parc), au niveau d'un pont, environ 1 km avant le secteur « La Chute » (en venant du nord). Il est possible de se garer aux abords de la route, à proximité du pont.

• *Informations pratiques :*

Des soirées causeries sont gratuitement proposées sur ce site plusieurs fois par semaine et encadrées par un naturaliste du parc. Renseignements au centre d'accueil (Tél. : 418-892-5553) ou au centre d'interprétation.

Le parc des Grands-Jardins

Le lac du Fulmar représente un point d'observation très intéressant, au cours de l'ascension vers le mont du Lac-des-Cygnes (980 mètres d'altitude). Ce petit lac, occupé par une ou plusieurs colonies de castors, est entouré de plusieurs huttes très visibles. Avec un minimum de patience et de vigilance, les castors sont aisément observables.

• *Accès* : suivre la « 138 Est » jusqu'à Baie-Saint-Paul, puis emprunter la « 381

Nord » via Saint-Urbain. Stationnez au parking situé au départ de l'ascension du mont du Lac-des-Cygnes (sur le bord de la « 381 »), à 2 km au nord du poste Thomas-Fortin.

• *Informations pratiques :*

Le lac du Fulmar se situe à 2 km environ du lieu de départ (soit 1 h à 1 h30 de marche). Un petit chalet à côté du lac est mis à la disposition des randonneurs.

OÙ OBSERVER DES PHOQUES ?

Les phoques sont théoriquement visibles un peu partout dans l'estuaire et le golfe du Saint-Laurent. Lorsque vous circulerez sur les routes longeant l'estuaire, vous remarquerez peut-être, en prêtant attention au rivage, leurs silhouettes figées sur des rochers. Au cours de traversées en bac ou de sorties en bateau, il est aussi fréquent de les rencontrer en pleine mer, principalement les phoques gris. Il existe quelques lieux privilégiés d'observation car les phoques s'y rassemblent en toute quiétude.

LE PARC DU BIC

Le site de « L'Anse aux bouleaux Ouest » offre la possibilité de bien observer des groupes de phoques gris et communs,

Phoque dans le Parc du Bic

se reposant sur les rochers du rivage. Il faut toutefois s'y rendre avant ou après la marée haute car les récifs sont recouverts pendant l'étale de marée haute.

• *Accès* : sur la « 132 Est », sortir au secteur du Cap-à-l'Orignal et poursuivre la piste 2 jusqu'au centre d'interprétation. Suivre ensuite la piste 1 jusqu'au parking du Cap Caribou puis emprunter le sentier qui mène à « L'Anse aux bouleaux Ouest ».

• *Informations pratiques* :

Une longue-vue est mise à la disposition des visiteurs lorsqu'un naturaliste du parc est présent sur un des sites d'observation (trois fois par jour pendant une heure, de juin à septembre). Une causerie sur le thème des phoques est régulièrement programmée (à 9 h 30 et à 15 h au centre d'interprétation, tous les jours de juin à septembre). Renseignements au centre d'interprétation, ouvert de 9 h à 17 heures (Tél. : 418-869-3502).

Fous de Bassan sur Bonaventure

LE PARC NATIONAL FORILLON

Les côtes de la pointe du parc (secteur nord et secteur sud), délimitant la baie de Gaspé du golfe du Saint-Laurent, accueillent de nombreux phoques. Le secteur du cap des Rosiers est particulièrement favorable.

• *Informations pratiques :*

Le centre d'interprétation du parc propose une causerie suivie d'une petite sortie d'observation des phoques (activité d'1 h 30), deux fois par semaine.

QUELQUES BONS SITES POUR LES OISEAUX DE MER ET DES MARAIS

Les sites propices à l'observation d'oiseaux de mer et des marais sont nombreux au Québec. Ceux décrits ci-dessous sont particulièrement riches. Pour une approche plus approfondie de cette avifaune, plusieurs ouvrages sont remarquablement conçus : voir « Guides des meilleurs sites ornithologiques au Québec », en bibliographie, p. 139. Voir aussi la rubrique sur la réserve nationale de faune du Cap Tourmente.

OISEAUX DE MER

LE PARC DE L'ÎLE BONAVENTURE ET DU ROCHER-PERCÉ

Avec ses 200 000 oiseaux de mer, l'île de Bonaventure est une étape incontournable pour tous les amoureux de nature. La colonie de fous de Bassan se situe sur la frange est de l'île, à l'opposé du lieu de débarquement : le chemin le plus court (le sentier des Colonies), d'une distance de 2,8 km, traverse le secteur boisé de l'île. Quatre chemins sillonnent l'île d'ouest en est et mènent à la colonie de fous de Bassan. Le sentier Chemin-du-Roy (4,9 km) longeant la côte permet d'observer d'autres espèces marines, dont l'arlequin plongeur qui s'observe dans l'eau agitée au pied des falaises (la baie des Marigots est un bon secteur pour ce canard).

• *Espèces présentes* : goéland argenté, cormoran à aigrettes, grand cormoran, mouette tridactyle, guillemot à miroir, guillemot marmette, petit pingouin, macareux moine, fou de Bassan…

• *Bon à savoir* : les fous de Bassan sont présents jusqu'à la mi-octobre alors que les alcidés désertent l'île dès la mi-août. L'arlequin plongeur est encore en plumage nuptial début juin, avant d'arborer un plumage d'éclipse durant tout l'été.

• *Accès* : l'île de Bonaventure fait face au village de Percé, situé à la pointe de Gaspésie sur la « 132 ». Toutes les compagnies organisant des sorties en mer et l'accès sur l'île sont placées sur le quai de Percé, dans le centre-ville.

• *Informations pratiques* :

Les excursions ont lieu de juin à la mi-octobre, tous les jours entre 8 h et 17 heures (dernier départ de l'île) et toutes les 30 minutes environ. Prix aller-retour : entre 10 et 14 $ par adulte selon les compagnies (n'hésitez pas à faire le tour des excursionnistes). Vous avez le choix entre une liaison directe avec l'île de Bonaventure ou, en supplément, le tour du rocher Percé et de Bonaventure (qui permet d'apprécier les vues sur les colonies – une heure environ). Prévoyez la journée pour vraiment profiter de l'île (n'oubliez pas d'apporter votre pique-nique et de l'eau).

Les falaises de Forillon

Les falaises de Forillon sont réputées pour leurs colonies d'oiseaux marins et offrent un somptueux spectacle entre ciel et mer. Une sortie en bateau permet d'apprécier les richesses naturelles du secteur en question : outre les oiseaux de mer, les phoques gris et communs, les baleines et les dauphins sont régulièrement observés. Le bateau *Félix-Leclerc* longe les parois rocheuses qui se dressent entre le cap des Rosiers et le cap Gaspé. En août et septembre, quelques pygargues à tête blanche (généralement des subadultes) viennent se poser sur ces falaises.

• *Accès* : secteur nord du parc national Forillon. Le départ en bateau a lieu au port du cap des Rosiers.

• *Informations pratiques* :

Sortie en bateau d'1 h 45 effectuée de juin à début septembre, deux à quatre fois

Guillemot à miroir

par jour selon la saison. Tarif : 20 $/ adulte, taxes incluses (– de 16 ans : 10 $). Tél. : 418-892-5629 ou 418-368-2448.

L'ARCHIPEL DE MINGAN

Plusieurs bateliers proposent des circuits en bateau ou en pneumatique autour des îles de l'archipel, avec des arrêts sur certaines d'entre elles, et selon des thématiques différentes (découverte des monolithes, observation des oiseaux...). Les oiseaux de mer sont présents dans tout l'archipel mais quelques îles les concentrent pendant la période de reproduction. Renseignez-vous auprès du centre d'accueil et d'interprétation de Havre-Saint-Pierre, 975, rue de l'Escale (Tél. : 418-538-5264).

Le départ des excursions s'effectue à partir des communes de Longue-Pointe-de-Mingan, de Mingan et de Havre-Saint-Pierre.

• *Bon à savoir* : les entreprises Loiselle proposent une sortie d'une durée de 3h30 accompagnée par un guide naturaliste de Parcs Canada, à proximité d'îles où se reproduisent les macareux moines (bateau d'une capacité de 24 passagers). Du 12 juin au 6 septembre, à 8 h, 12 h et 16 heures ; départs du débarcadère de Mingan. Renseignements : 418-949-2307.

OISEAUX DES MARAIS

LE MARAIS DE GROS-CACOUNA

Cette grande surface marécageuse montre l'exemple d'une possible cohabitation entre un développement industriel et la conservation, à proximité, d'habitats propices à l'épanouissement de la faune et de la flore. Le marais de Gros-Cacouna est le refuge d'une grande diversité d'oiseaux : grands échassiers, limicoles, canards, passereaux palustres... Ce marais figure parmi les rares endroits au Québec où subsiste le râle jaune.

• *Accès* : rive sud du Saint-Laurent ; le village de Cacouna se situe sur la « 132 Est » après Rivière-du-Loup. Le marais se trouve à l'extrémité est du village de Cacouna : un premier chemin mène au port industriel de Gros-Cacouna, un deuxième chemin en graviers (à 2 km plus loin) donne accès aux sentiers de marche et aux tours d'observation.

Grand héron

La pointe de Penouille

Cette pointe sablonneuse s'avance dans la baie de Gaspé et abrite la baie de Penouille, vaste surface vaseuse colonisée par des marais salés. C'est le territoire du grand héron, du canard noir, de la sarcelle à ailes bleues, de la mouette de Bonaparte, de la bernache du Canada, du courlis corlieu… En période de chasse, Penouille représente un véritable havre de paix pour toutes ces espèces.

• *Accès* : dans le parc national Forillon, sur la « 132 Ouest ». Cette pointe est indiquée le long de la route.

• *Informations pratiques :*

Compte tenu de la fragilité du milieu dunaire, l'accès est interdit aux véhicules. Penouille peut être parcouru à pied sur une distance d'un kilomètre entre le parking et sa pointe. Durant l'été, un petit train amène les amateurs de baignade à la plage située à l'extrémité de la pointe.

Où et comment observer des baleines ?

La « route des baleines » désigne l'ensemble de la côte nord, propice à l'observation des cétacés, entre Baie-Sainte-Catherine et l'archipel de Mingan. Le passage fréquent des baleines sur cette côte est dû à la configuration de ses fonds marins et au courant du Labrador qui circule le long de la rive nord. Les observations sont plus rares sur la rive sud : il est préférable de se rendre jusqu'à la pointe de Gaspésie pour faire de belles rencontres. Même si les sorties en bateaux assurent quasiment à 100 % d'observer des baleines, quelques points de la côte offrent aussi le plaisir d'apprécier, en toute liberté et sans aucune contrainte de temps, le fabuleux spectacle du souffle des baleines.

À partir de la côte

Le centre d'interprétation et d'observation de Pointe-Noire

Ce centre remarquablement situé offre une très belle vue sur l'entrée du fjord et l'estuaire du Saint-Laurent. C'est dans cette zone de confluence que les bélugas sont souvent observés ; quelques petits rorquals viennent parfois frôler la côte rocheuse.

• *Accès* : entre Baie-Sainte-Catherine et Tadoussac, avant de prendre le traversier pour Tadoussac. Un petit parking est situé en haut d'une côte dans un virage et fait face à l'embouchure du Saguenay.

• *Informations pratiques* :

Des belvédères optimisent les conditions d'observation. Un naturaliste est présent sur le site. Ce site est ouvert tous les jours, entre mi-juin et début septembre, de 9 h à 18 h ; puis du vendredi au dimanche, entre septembre et mi-octobre, de 9 h à 17 h. Droit d'entrée : 2 $/ adulte. (Tél. : 418-237-4383 ou 418-235-4703).

Le centre d'interprétation et d'observation du cap de Bon-Désir

Cette pointe aux rochers plats et arrondis constitue un lieu privilégié d'observation des mammifères marins (phoques, baleines). Il suffit de s'asseoir et d'attendre patiemment le passage d'un de ces protagonistes : il est néanmoins préférable de scruter l'horizon à l'aide de jumelles. Les petits rorquals sont les plus courants : certains passent régulièrement à quelques mètres des rochers ! Les rorquals communs s'observent quant à eux plus au large. Il est indispensable d'être vigilant car le temps d'émersion des baleines est court. Il faut

Baie Sainte-Marguerite

aussi savoir faire preuve de patience car le rythme des passages est imprévisible : il est parfois nécessaire d'attendre plus d'une heure avant d'assister à une série de souffles. Mais le spectacle en vaut la peine !

• *Accès* : à 25 km à l'est de Tadoussac, sur la « 138 Est », entre Grandes-Bergeronnes et Les Escoumins. Le site est indiqué sur le bord de la route ; suivre ensuite le chemin qui mène au poste d'accueil et au parking.

• *Informations pratiques* :

Le cap de Bon-Désir est ouvert tous les jours, entre mi-juin et début septembre, de 8 h à 20 h (9 h à 18 h entre septembre et mi-octobre). Passé cette heure, une barrière interdit l'accès au parking ; il est par contre autorisé de se garer derrière cette barrière et de parcourir les 2 km qui la séparent du point d'observation.

Le site est aussi accessible à pied à partir du camping Bon-Désir, en longeant la côte.

Droit d'entrée : 5 $/ adulte (– de 12 ans : 2 $). Tél. : 418-232-6751 ou 418-232-6326.

Un chalet-observatoire, installé près des rochers, permet de s'abriter et de continuer à observer en cas de pluie ; un naturaliste y est présent.

Cap de Bon-Désir

La baie Sainte-Marguerite

Tout en longeant la baie Sainte-Marguerite, un joli sentier de 3 km (aller seulement) à travers la forêt permet d'accéder à un belvédère offrant un magnifique panorama sur la baie et le fjord. Cette baie est un site reconnu pour le rassemblement de bélugas, principalement entre juin et septembre. Il est préférable de venir tôt le matin.

• *Accès* : sortir de Tadoussac sur la « 138 Est », puis à environ 5 km de distance prendre la direction de Sacré-Cœur sur la « 172 ». Traverser ce village et continuer sur une dizaine de kilomètres : il y a deux ponts à franchir. Au deuxième pont, suivre la première piste à gauche ; d'une distance de 2,5 km, elle mène à un parking près de la rivière Sainte-Marguerite. Se garer au fond du parking, à gauche, lieu de départ des sentiers de randonnée. Celui qui aboutit au belvédère emprunte un pont enjambant la belle rivière Sainte-Marguerite.

EN BATEAU

Il est bien difficile de faire un choix dans la multitude d'offres concernant les sorties aux baleines. Plus d'une dizaine d'excursionnistes proposent leurs services dans la seule région de Tadoussac ! Cette ville concentre une grande partie de l'industrie des activités d'observation en mer (AOM) ; si possible, préférez les sorties proposées au départ de Grandes-Bergeronnes ou des Escoumins, moins fréquentés. Il est aussi très intéressant de participer à une croisière en mer plus à l'est de la province comme à Havre-Saint-Pierre, dans l'archipel de Mingan ou à partir du parc national Forillon, en Gaspésie : le golfe du Saint-Laurent augmente les chances de voir la baleine bleue, la baleine à bosse et, en prime, les dauphins.

• *Bon à savoir* : la Station de recherche des îles Mingan (MICS) propose des excursions à la journée en pneumatique, en compagnie de biologistes. Prix : 70 $ / personne. Informations et réservation : MICS, 378 bord de la Mer, Longue-Pointe-de-Mingan GOG 1 VO (Tél. & fax : 418-949-2845). Internet : rorqual.com
E-mail : mics@globetrotter.net

Sortie en Zodiac

• *Important* : vous avez le choix entre une sortie en pneumatique (type Zodiac) d'une capacité de 12 passagers ou en bateau (type catamaran) dont la capacité varie entre 50 et 300 places selon les compagnies ! Outre leur capacité à se rendre plus rapidement sur les lieux d'observation, les pneumatiques procurent des sensations uniques : en étant au ras de l'eau, on prend réellement conscience de la puissance et de la masse des baleines… Il faut néanmoins avoir les reins solides car la vitesse associée aux vagues secoue parfois sévèrement les Zodiac ! Selon la météo, la photographie s'avère aussi quelque peu périlleuse dans un pneumatique. Pour une famille, il est recommandé de profiter du confort d'un petit bateau ou d'un catamaran.

• *Quelques compagnies :*

– Croisières Essipit

Compagnie amérindienne (Montagnais), située au quai des Grandes-Bergeronnes. Plusieurs départs par jour, du 23 mai au 16 octobre.

Catamaran : 100 passagers maximum (2h30 de sortie).

Pneumatique : 12 passagers maximum (2 h de sortie).

Tarifs : 27 $/ adulte, sans les taxes.

(13 $/ enfant de moins de 12 ans)

Réservations : 418-232-6778

Internet : www.essipit.com

– Croisières Neptune

Grandes-Bergeronnes

Sortie de 2 heures en pneumatique ; 12 passagers maximum. Plusieurs départs par jour, de mi-mai à mi-octobre.

Tarif : 30 $/ adulte, sans les taxes.

(20 $/ enfant de moins de 12 ans).

Réservations : 418-232-6716

– Croisières Baie de Gaspé

Parc National de Forillon

Départ au Havre de Grande-Grave, secteur sud du parc. Sortie de 2h30 en pneumatique ; 48 passagers maximum. Plusieurs départs par jour, du 5 juin au 30 septembre.

Tarifs : 30 $/ adulte, taxes incluses.

(15 $/ enfant de moins de 16 ans)

Réservations : 418-892-5500.

En juin et septembre, une deuxième sortie est offerte.

• *Informations pratiques* :

La saison des excursions aux baleines s'étend de fin mai à mi-octobre. Le prix s'échelonne entre 25 $ et 35 $/ adulte selon les compagnies, le type d'embarcation et la durée de la croisière (de deux à trois heures en moyenne). Pour les sorties en pneumatique, les compagnies fournissent à chaque participant une combinaison isothermique, à porter obligatoirement. Il est recommandé de s'habiller chaudement (prévoir pull, bonnet, écharpe...).

➲ LEXIQUE NATUREL

Quelques espèces d'oiseaux sont présentes à la fois sur le continent européen et américain (parfois en tant qu'espèce accidentelle ou introduite). La liste qui suit ne s'intéresse qu'aux espèces communes dont le nom français attribué au Québec diffère de celui donné en France.

Les ornithologues québécois ont adopté en 1993 une nouvelle nomenclature pour les espèces d'oiseaux. L'ancien nom québécois est toutefois indiqué entre parenthèses car il est encore mentionné dans de nombreux livres, publications et dépliants en tous genres.

L'ordre de présentation des espèces suit la classification classique des guides d'identification.

LES NOMS D'ESPÈCES D'OISEAUX COMMUNES (EUROPE/AMÉRIQUE)

Nom français	Nom latin	Nom québécois
Plongeon catmarin	*Gavia stellata*	Plongeon catmarin (Huart à gorge rousse)
Plongeon imbrin	*Gavia immer*	Plongeon huard (Huart à collier)
Grèbe esclavon	*Podiceps auritus*	Grèbe esclavon (Grèbe cornu)
Bihoreau gris	*Nycticorax nycticorax*	Bihoreau gris (Bihoreau à couronne noire)
Cygne de Bewick	*Cygnus columbianus*	Cygne siffleur
Canard carolin	*Anas sponsa*	Canard branchu
Sarcelle soucrourou	*Anas discors*	Sarcelle à ailes bleues
Sarcelle d'hiver	*Anas crecca*	Sarcelle d'hiver (Sarcelle à ailes vertes)
Canard noirâtre	*Anas rubripes*	Canard noir
Canard à front blanc	*Anas americana*	Canard d'Amérique (Canard siffleur d'Amérique)

Nom français	Nom latin	Nom québécois
Fuligule à bec cerclé	*Aythya collaris*	Fuligule à collier (Morillon à collier)
Fuligule milouinan	*Aythya marila*	Fuligule milouinan (Grand morillon)
Fuligule à tête noire	*Aythya affinis*	Petit fuligule (Petit morillon)
Arlequin plongeur	*Histrionicus histrionicus*	Arlequin plongeur (Canard arlequin)
Harelde boréale	*Clangula hyemalis*	Harelde kakawi (Canard kakawi)
Macreuse noire	*Melanitta nigra*	Macreuse noire (Macreuse à bec jaune)
Macreuse à lunettes	*Melanitta perspicillata*	Macreuse à front blanc
Garrot d'Islande	*Bucephala islandica*	Garrot d'Islande (Garrot de Barrow)
Garrot albéole	*Bucephala albeola*	Petit garrot
Harle bièvre	*Mergus merganser*	Grand harle (Grand bec-scie)
Harle huppé	*Mergus serrator*	Harle huppé (Bec-scie à poitrine rousse)
Erismature rousse	*Oxyura jamaicensis*	Erismature rousse (Canard roux)
Lagopède alpin	*Lagopus mutus*	Lagopède alpin (Lagopède des rochers)
Pluvier dominicain	*Pluvialis dominica*	Pluvier bronzé (Pluvier doré d'Amérique)
Gravelot kildir	*Charadrius vociferus*	Pluvier kildir
Chevalier à pattes jaunes	*Tringa flavipes*	Petit chevalier

Québec

Nom français	Nom latin	Nom québécois
Chevalier grivelé	*Actitis macularia*	Chevalier grivelé (Chevalier branlequeue)
Bartramie des champs	*Bartramia longicauda*	Maubèche des champs
Bécasseau de Bonaparte	*Calidris fuscicollis*	Bécasseau à croupion blanc
Bécasseau tacheté	*Calidris melanotos*	Bécasseau à poitrine cendrée
Bécasseau rousset	*Tryngites subruficollis*	Bécasseau roussâtre
Combattant varié	*Philomachus pugnax*	Combattant varié (Bécasseau combattant)
Limnodrome à long bec	*Limnodromus scolopaceus*	Bécassin à long bec (Bécasseau à long bec)
Limnodrome à bec court	*Limnodromus griseus*	Bécassin roux (Bécasseau roux)
Phalarope à bec étroit	*Phalaropus lobatus*	Phalarope à bec étroit (Phalarope hyperboréen)
Phalarope à bec large	*Phalaropus fulicaria*	Phalarope à bec large (Phalarope roux)
Goéland à ailes blanches	*Larus glaucoides*	Goéland arctique
Goéland marin	*Larus marinus*	Goéland marin (Goéland à manteau noir)
Mouette ivoire	*Pagophila eburnea*	Mouette blanche
Guillemot de Troïl	*Uria aalge*	Guillemot marmette (Marmette de Troïl)
Guillemot de Brünnich	*Uria lomvia*	Guillemot de Brünnich (Marmette de Brünnich)
Pingouin torda	*Alca torda*	Petit pingouin
Chouette de Tengmalm	*Aegolius funereus*	Nyctale de Tengmalm (Nyctale boréale)
Alcyon ceinturé	*Ceryle alcyon*	Martin-pêcheur d'Amérique
Alouette haussecol	*Eremophila alpestris*	Alouette haussecol (Alouette cornue)

NOM FRANÇAIS	NOM LATIN	NOM QUÉBÉCOIS
Hirondelle rustique	*Hirundo rustica*	Hirondelle rustique (Hirondelle des granges)
Troglodyte mignon	*Troglodytes troglodytes*	Troglodyte mignon (Troglodyte des forêts)
Durbec des sapins	*Pinicola enucleator*	Durbec des sapins (Dur-bec des pins)
Bec-croisé des sapins	*Loxia curvirostra*	Bec-croisé des sapins (Bec-croisé rouge)
Bec-croisé bifascié	*Loxia leucoptera*	Bec-croisé bifascié (Bec-croisé à ailes blanches)

Pygargue à tête blanche

BIBLIOGRAPHIE

Pour vous aider à mieux appréhender la faune et la flore québécoises et approfondir vos connaissances en la matière, voici une suggestion d'ouvrages regroupés par thème : 1/Les parcs et réserves québécois 2/Les milieux naturels 3/La flore 4/Les livres généralistes sur la faune 5/Les mammifères 6/Les baleines 7/Les oiseaux 8/Les guides des meilleurs sites ornithologiques au Québec.

1/LES PARCS ET RÉSERVES QUÉBECOIS

• LES PARCS DU QUÉBEC, par Monts et Merveilles, 1996, André Croteau, Editions du Trécarré.

• LE PARC DU BIC, 1996, Daniel Fortin & Louis Belzile, Éditions du Trécarré.

• PARC DE LA GASPÉSIE, Une mer de montagnes, 1990, Parc Ami Chic Chocs.

• PARC NATIONAL FORILLON, 1984, Maxime St-Amour, Environnement Canada.

• ANTICOSTI GUIDE ÉCOTOURISTIQUE, 1994, Louis Gagnon & José Schell, Editions Broquet.

2/LES MILIEUX NATURELS

• PAYSAGES RÉGIONAUX DU QUÉBEC MÉRIDIONAL, 1998, André Robitaille & Jean-Pierre Saucier, Les Publications du Québec.

• GUIDE DES MILIEUX HUMIDES DU QUÉBEC, 1993, Union québécoise pour la conservation de la cature, Éditions Francvert.

• L'ESTUAIRE MARITIME ET LE GOLFE DU SAINT-LAURENT, Carnet d'océanographie, 1998, Institut national de la recherche scientifique – Océanologie.

• LE SAINT-LAURENT, UN FLEUVE À DECOUVRIR, 1999, Marie-Claude Ouellet, Les Éditions de l'Homme.

• GUIDE DE LA FORÊT QUÉBECOISE, saison par saison, 1996, André Croteau, Les Éditions de l'Homme.

3/La flore

• LE MONT ALBERT, LA RANDONNÉE FLORISTIQUE, 1999, Jean-Philippe Chartrand, Éditions Carpe Diem.
• PETITE FLORE FORESTIÈRE DU QUÉBEC, 1990, Gouvernement du Québec, Les Publications du Québec.
• ARBRES, ARBUSTES ET PLANTES HERBACÉES DU QUEBEC (ET DE L'EST DU CANADA), Tome 1, 1989, Daniel Fortin & Michel Famelart, Éditions du Trécarré.
• ARBRES, ARBUSTES ET PLANTES HERBACEES DU QUEBEC (et de l'Est du Canada), Tome 2, 1990, Daniel Fortin & Michel Famelart, Editions du Trécarré.
• GUIDE D'IDENTIFICATION DES ARBRES DU CANADA, 1987, Jean Lauriault, Éditions Marcel Broquet.

4/Les livres généralistes sur la faune

• LA NATURE AUX ABOIS, les espèces menacées de disparition au Canada, 1989, Environnement Canada, Éditions Broquet.
• LA FAUNE DU QUÉBEC ET SON HABITAT, série de 15 brochures, 1988, Gouvernement du Québec, Les Publications du Québec.
• LA FAUNE MENACÉE AU QUÉBEC, 1989, Gouvernement du Québec, Les Publications du Québec.
• LISTE DE LA FAUNE VERTÉBRÉE DU QUÉBEC, 1995, Gouvernement du Québec, Les Publications du Québec.

5/Les mammifères

• MAMMIFÈRES DU QUÉBEC ET DE L'EST DU CANADA, 1996, Jacques Prescott & Pierre Richard, Éditions Michel Quintin.

• LES MAMMIFÈRES DE L'AMÉRIQUE DU NORD, 1992, William H. Burt & Richard P. Grossenheider, Éditions Broquet.

• NOS ANIMAUX, tous les secrets de leurs comportements, 1989, Donald W. Stokes & Lillian Q. Stokes, Les Éditions de l'Homme.

• GUIDE DES TRACES D'ANIMAUX, 1989, Olaus J. Murie, Éditions Broquet.

• DANS LA TANIÈRE DE L'OURS NOIR, 1998, Philippe Henry, Archimède.

• MAMMALOGIE, MAMMIFÈRES DU QUÉBEC, 1983, Jean Piérard, Éditions Broquet.

• GUIDE DES MAMMIFÈRES MARINS DU MONDE, 1999, R. Wandrey, Delachaux & Niestlé.

6/Les baleines

• LES BALEINES DE L'ATLANTIQUE NORD, Biologie et écologie, 1998, Pierre-Henry Fontaine, Éditions Multimondes.

• LES SAISONS DE LA BALEINE, 1993, Erich Hort, Éditions Broquet.

• RENCONTRES AVEC LES BALEINES DU SAINT-LAURENT, 1993, Robert Michaud, Groupe de recherche et d'éducation sur les mammifères marins.

• LE SAINT-LAURENT ET SES BELUGAS, 1990, Suzie Plourde & Elizabeth Rooney, Société linéenne du Québec.

• LES BALEINES DU SAINT-LAURENT, 1998, Groupe de recherche et d'éducation sur les mammifères marins.

• DES BALEINES, 1988, Heathcote Williams, Aubier.

7/LES OISEAUX

- OISEAUX DU QUÉBEC ET DES MARITIMES, 1998, Jean Paquin & Ghislain Caron, Éditions Michel Quintin.
- GUIDE D'IDENTIFICATION DES OISEAUX D'AMÉRIQUE DU NORD, 1987, National Geographic Society, Éditions Broquet.
- ENCYCLOPÉDIE DES OISEAUX DU QUÉBEC, 1990, W. Earl Godfrey, Les Éditions de l'Homme.
- LES OISEAUX NICHEURS DU QUÉBEC, Atlas des oiseaux nicheurs du Québec méridional, 1995, sous la direction de Jean Gauthier & Yves Aubry, Association québécoise des groupes d'ornithologues, Société québécoise de protection des oiseaux, Service canadien de la faune (Environnement Canada, Région Québec).
- MAGIE DU HUART, 1990, Kate Crowley & Mike Link, Éditions Broquet.
- LES FOUS DE L'ILE BONAVENTURE, 1985, Lucie Lagueux, Club des ornithologues de la Gaspésie.
- LES OISEAUX MENACÉS DU QUÉBEC, 1989, Michel Robert, Association québécoise des groupes d'ornithologues, Environnement Canada.

8/GUIDES DES MEILLEURS SITES ORNITHOLOGIQUES AU QUÉBEC

- LES MEILLEURS SITES D'OBSERVATION DES OISEAUX AU QUÉBEC, 1990, Norman David, Québec Science Éditeur.
- OÙ ET QUAND OBSERVER LES OISEAUX DE LA RÉGION DE MONTRÉAL, 1991, Pierre Bannon, Société québécoise de protection des oiseaux.
- GUIDE DES SITES ORNITHOLOGIQUES DE LA GRANDE RÉGION DE QUÉBEC, 1993, Pierre Otis, Louis Messely, Denis Talbot, Club des ornithologues de Québec.
- ITINÉRAIRE ORNITHOLOGIQUE DE LA GASPÉSIE, 1988, Sylvie Girard, Club des ornithologues de la Gaspésie.

REMERCIEMENTS

Je tiens en premier lieu à rendre hommage à tous les naturalistes et scientifiques québécois que j'ai rencontrés lors de mes différents séjours pour leur remarquable travail de terrain, leur accueil chaleureux et le partage de leur savoir.
Sincères remerciements aux personnes qui m'ont apporté leur soutien, accordé un peu de leur temps et répondu à mes incessantes questions !
Par ordre alphabétique : François Boulanger, Denis Comeau, Patrice Corbeil, Alain Côté, Nathalie D'entremont, Johanne Desgagnes, Denis Desjardins, Isabelle Girard, Daniel Lebœuf, François Léger, Patrick Paré et Serge Payette.

Remerciements tout particuliers à Mario Duchesne pour sa disponibilité et son érudition en matière d'environnement, qui m'a éclairé plus d'une fois !

Pour la relecture scientifique :

- Denis Comeau (naturaliste et garde du parc national Forillon).
- Patrice Corbeil (directeur du Centre d'interprétation des mammifères marins et vice-président du Groupe de recherche et d'éducation sur les mammifères marins).
- Mario Duchesne (biologiste au parc des Grands-Jardins).
- Sébastien Kern (écologue au Conservatoire des sites lorrains).

Pour la relecture générale :
Katell Bazin, Noëlle Delauné, Fabrice Gonnidec, Sébastien Kern et David Reby.
Je tiens aussi à remercier vivement toutes les personnes qui m'ont apporté leur aide logistique :

- Yvonne Simard et Barbara di Stefano (Destination Québec).
- Mme Sainclair (Air Canada).
- Christian Peyrouse et Francine (Tan Croisières).
- Christian Tremblay, Clara et Christiane (Safari à l'ours noir).

Mille mercis à mes deux amies de Montréal : Nadyne Doucet et Cathy Gendron.

Pour finir, le plus grand des remerciements est destiné à Manuella, ma femme, pour son soutien permanent.

Toutes les photographies sont de l'auteur.
Aucun filtre n'a été utilisé pour les prises de vue.

Matériel utilisé :
300 mm f/2.8 L Canon Lens EF
multiplicateur EF 1.4x Canon
Canon EOS 5
180 mm f/2.8 Sigma apo macro
28 mm f/2.8 Sigma
Nikon F-601

Pellicule : Fuji SENSIA 100 ISO

Pour contacter l'auteur et obtenir des renseignements sur les voyages qu'il accompagne :

Laurent Cocherel
5, Résidence de la Poste
35850 ROMILLE – France
Tél. : 02-99-23-20-56
E-mail : laurent.cocherel@infonie.fr

Directeur de collection : Jean-Pierre Duval
Directeur commercial : Grégoire Camus
Service de presse : Cécile Duval
Correction : Solange Kornberg

Montage : Paola Borsari
Photogravure : Arts+
Impression en Europe

Dépôt légal : Avril 2000
ISBN 2-84350-058-3

Romain Pages Éditions
BP 30 – F-30252 Sommières cedex
Tel : 04 66 80 34 02 – Fax : 04 66 80 34 56
e.mail : pages@wanadoo.fr
site internet : http ://www.romain-pages.com